丛书编委会

主　任：张力鸣

副主任：何健明　章才根

成　员：张力鸣　何健明　章才根　周均悦　丁耀方　倪国君

审　稿：章才根　丁耀方（义教段部分）

本 书 主 编：缪凤雅

本 书 编 委：王丽君　茅秀君　杨亚君　严　辉　李映凤　吴文艳
　　　　　　张宇红　张惠芳　张　博　杜旭红　胡剑红　金虹青
　　　　　　朱月仙　缪凤雅

微课实录丛书

本书主编 缪凤雅

幼儿园卷

图书在版编目（CIP）数据

微课实录丛书．幼儿园卷 / 缪凤雅主编．—宁波：宁波出版社, 2017.10（2018.6 重印）

ISBN 978-7-5526-2931-6

Ⅰ．①微… Ⅱ．①缪… Ⅲ．①学前教育－教学研究 Ⅳ．① G612

中国版本图书馆 CIP 数据核字（2017）第 127990 号

微课实录丛书　幼儿园卷

本书主编	缪凤雅
出版发行	宁波出版社
地址邮编	宁波市甬江大道 1 号宁波书城 8 号楼 6 楼　315040
网　　址	http://www.nbcbs.com
策划编辑	吴　波
责任编辑	胡雯艳
责任校对	刘佳佳　徐　敏
装帧设计	金字斋
印　　刷	宁波白云印刷有限公司
开　　本	787 毫米 ×1092 毫米　1/16
印　　张	16.75
字　　数	230 千
版　　次	2017 年 10 月第 1 版
印　　次	2018 年 6 月第 2 次印刷
标准书号	ISBN 978-7-5526-2931-6
定　　价	39.80 元

本书若有倒装缺页影响阅读，请与承印厂联系调换，联系电话 0574-83875165

总 序

宁波市教育局教研室编写了这套《微课实录丛书》，请我写几句话，我没有推辞，因为这是一件有意义的事，值得肯定和推广。

传统的教学论以教师、学生、教材这三个教学要素以及它们之间的关系为主要研究对象，后来的教学设计以教学目标、教学过程、教学评价这三个教学范畴以及它们之间的关系为重要研究对象。因此，长期以来，直接为课堂教学服务的教学资源和教学手段的研究和开发并没有受到一线教师的足够重视。最近几年，现代教育技术在课堂教学和学生自主学习中得到广泛应用、深度融合，不仅深刻影响着教学的发展，影响着教学途径、教学组织形式、教学方式、教学评价的变化，还极大地改变了人们对教学资源和教学手段的现代化的认识。

"微课"是运用信息技术呈现片段教学以及相关背景材料的一类教学形态和资源。由于它具有教学主题突出、问题聚集、时间较短、制作简便的鲜明特点，因而受到越来越多师生的青睐。

宁波市教育局教研室各学科各学段的教研员组织一批优秀教师制作了1500余堂微课，丰富了我市基础教育教学资源。在此基础上，为了帮助一线教师具体、详细了解"微课"的种类、特征、内容组成和制作要求，又将视频资源转化为文字资源，编印了本丛书，包括微课实录、教学设计、教学反思、练习测试与教师点评等内容（各学科有所侧重）。各位教研员为此花费了相当多的时间和精力，几易其稿，精益求精。今天终于与大家见面了。

相信这套源自一线教师，又服务于一线教师的《微课实录丛书》能为广大教师提供切实而有效的帮助。

是为序。

2017 年 3 月

前　言

"微课"一般是指以视频为主要载体、时间在5~10分钟、有明确的教学目标、内容短小精悍、集中说明一个问题的教育教学活动过程,是一种新型的课程资源。

微课对幼儿园的教育教学工作开展,尤其是师资培训方面有较大的促进作用,具体体现在以下两个方面。

一、微课与教师的专业发展

微课要求针对教学中的重点、难点或某一主要环节进行设计、制作。因此在分析教材和设计活动的过程中,教师会深层次地思考教学目标和内容,研究教材的重点和难点,寻找突破口,充分地研究学情,做到心中有目标,眼中有幼儿。这本身就是一个"备教材、备孩子"的教学准备过程,因而加深了教师对教材内容的理解与把握。

微课短而精,要在短时间内将教学要领清晰地展示出来,这就要求教师语言简明扼要,逻辑性强,并易于幼儿理解。于是教师在研究制作过程中不断地锤炼语言,不但提高了语言表达的能力,而且促进了专业化的成长。

微课是"从教学中来,又回归到教学去",而不是验证理论、推演理论。所以,这就决定了教师会优先选择自己感兴趣的、可以通过努力能解决的问题进行研发,同时也提高了教师发现问题、解决问题的能力。

微课成果简化、传播便捷。因为微课内容具体、主题突出,所以,研究的策略容易呈现,研究的成果容易转化。课程的容量微小、用时简短，传播形式多样（网络视频、手机传播、微博讨论）。微课较好地改进了传统的教学与教研方式，突破了传统的教师听评课模式，打破了地域限制，拓展了教师的视野，扩大了信息交互量，成为教师专业成长的重要途径之一。

微课的主体是微视频，制作微视频就必须掌握 PPT 演播、手机拍摄、录屏截屏、摄像等技能技巧以及后期制作的方法，教师需熟练地掌握现代信息技术。微课的制作让教师在常规教学中，通过学习、追问、思考、发现、创新，由学习者变为开发者和创造者，提高了教师信息技术与学科整合的能力。

二、微课与幼儿园的整体发展

微课对于幼儿园教育教学的价值，还体现在教师可通过微课资源建设来实现高效率的交流和共享。教师在"资源库"里存放大量的微课资源，使之成为一个源源不断、富有园本特色的微课资源库，让更多的教师群体受益。教师可以像使用课程用书一样，取之能用、及时更新、不断完善，还可避免繁多的重复劳动。

幼儿园家长是家园合作的主力军，也是幼儿园教育教学工作的参与者和支持者。家长可以通过微课资源的分享，更好地了解幼儿学习的特点和方式，有效地帮助教师抑制小学化教学的倾向，提升教育理念。微课资源库作为一种新型的沟通手段，能够架构起良好的家园合作桥梁，提高家园合作的有效性。

宁波市幼儿园微课评优活动自 2015 年 4 月开展以来，得到了全市幼儿园教师、教育管理者及研究人员的热烈响应。本书共收集了微视频 60 个、活动文本设计 13 个，内容涉及幼儿园的五大领域以及游戏活动，以供广大幼教工作者参考。这些所呈现的均是宁波市学前教育同仁们近年来在幼儿园课程改革中做出的探索、实践以及一些反思。微课在幼儿园的兴起是一次教研工作的改革，是一种促进教师专业成长的新模式，值得幼儿园教师去观摩、学习、研究、制作。由于编者水平有限，书中难免有不足之处，恳请广大读者批评指正。

编者

目 录

（带有 ▶ 图标的微课可在线观看视频）

总　序 …………………………… 001	米饭从哪里来 …………… 徐晓蓉 050
前　言 …………………………… 003	慈城年糕
	………… 朱幼芬　朱六妹　胡茵茵 053
一、生活与健康	小小值日生 ……………… 李丹凤 056
	课间十分钟我安排 ………… 孙　娇 059
学系蝴蝶结 ……………… 王倩赟 003	周末我做主 ……………… 陈瑜露 062
护牙大行动 ……………… 吴思玉 007	阿拉闹咸齑 ……… 谢　元　大班教研组 065
鲜果雪媚娘 ……………… 叶咪娜 010	快乐的立夏 ……………… 黄昕怡 068
做卡通饭 ………………… 周佳蓉 013	我和地铁有个约会 ……… 沈菁瑶 072
水果宝宝 ………………… 汪静科 016	欢迎来我家 ……………… 胡　莹 075
小白虾 …………………… 周志远 019	城市立交桥
好吃的番薯干 …………… 缪春莉 022	………… 徐伟萍　石晶晶　胡帼华 078
我会细嚼慢咽 …………… 顾维娜 025	宁波之情——保国寺
我会漱口 ………………… 何玲玲 028	………………… 洪　蕾　翁海娜　林　萍 082
我会整理 ………………… 叶　君 030	
我会用筷子 ……………… 叶秀琴 033	**三、生活与数学**
二、生活与社会	▶ 生活中的数字 …………… 陈叶桦 087
	有趣的正方体 …………… 苏宇霞 090
▶ 整理书包小达人 ………… 严珊珊 039	储物室里的对话 …… 陈海俏　尤洁琼 093
汽车城大冒险 …………… 赵静亚 042	认识序数 ………………… 高　珵 096
小阿力上学记 …………… 冯蒙蒙 046	数与量的守恒 …………… 应　瑛 100

认识时钟……………………… 赵一飞 103
有用的人民币……… 王　珂　吴建颖 106
有趣的对称…………………… 杨舒渝 109
规　律………………………… 吴　蓉 113

四、科学与探索

- 秋天的螃蟹
  　　　　　　何　妨　陈夏梅　童燕斌 119
- 玩影子………………………… 张静波 123
  纸张大力士…………………… 黄　斌 126
  神奇的大蒜头………………… 赖晶晶 130
- 垃圾宝宝去哪儿……………… 叶珊珊 135
  香香的肥皂…………………… 任九凤 139
  神奇的泡泡板………………… 唐晓娟 142
  神奇的泥土…………………… 王家璐 145
  竹子的秘密…………………… 张黎燕 148
  护绿小能手…………………… 金　琳 152
  有趣的泡发…………………… 刘莲莲 157
  酸酸甜甜的杨梅……………… 吴云芝 161
  小橘灯………………………… 张　丹 164
  杨梅乡里杨梅酱……………… 吴奶儿 167
  瓶中吹气球…………………… 潘姝敏 171
  我的植物我做主……………… 忻罗增 175

五、艺术与表现

百变手印画…………………… 康海燕 181

小蝌蚪找妈妈（超轻黏土）… 陈潇潇 184
有趣的鱼拓…………………… 叶　夏 188
有趣的拓印…………………… 胡凡叶 191
石头肖像画…………………… 马阿苏 195
歪头"鞋"脑………………… 谢蕊飞 198
多变的微景观………………… 应时微 201
好吃的冰淇淋………………… 仇佳艳 204
百变螺旋条…………………… 沈赤文 207
物品变变变…………………… 张　椰 211
有趣的纹样设计……………… 袁　昱 214
美丽的蝴蝶…………………… 龚海燕 219
丹实累累缀青枝……………… 陈羽燕 222
京歌龟兔赛跑………………… 刘　妙 226
杨梅甜甜真好吃……………… 黄　芳 229

六、语言与游戏

粽子里的故事……… 娄　飞　王旭群 235
杨梅仙子……………………… 何红波 238
登山棋………………………… 袁琴娜 241
翻花绳………………………… 姜莎莎 244
我爸爸………………………… 李玲飞 248
我是小兵真人 CS……………… 李　巧 251
找　蛋………………………… 赵　俊 254
椅子火车呜呜呜……………… 梁　瑛 256

生活与健康

学系蝴蝶结

宁波市鄞州区江东实验幼儿园　王倩赟

一、适用对象

大班幼儿

二、活动背景

本微课以幼儿感兴趣的卡通人偶小黄人为主角。在由易到难的示范与练习中,让幼儿熟知系蝴蝶结的步骤并乐意尝试,同时拓展至蝴蝶结在生活中的应用。本微课旨在提高幼儿的自我服务技能,增强幼儿的自我服务意识。

三、活动目标

1. 通过亲子观看教学微视频,掌握系鞋带(蝴蝶结)的正确方法。
2. 乐意动手试一试,体验自己系鞋带的快乐,提高自我服务的能力。
3. 知道蝴蝶结在生活中的其他延伸应用,激发学习的兴趣与动力。

四、活动过程

（一）作品简介

片头：微课内容、作者介绍

幼儿园大班生活活动：学系蝴蝶结

(二)学习系鞋带

画面1：小黄人自我介绍

小黄人：嗨,小朋友们大家好！我是你们的好朋友——小黄人,我的好朋友明明,今天遇到一件倒霉事,我们一起来看看吧。

画面2：定格动画引入

(出示一个小朋友跑着跑着鞋带散了,然后摔倒在地上哭的视频)

小黄人：呀,明明摔倒了！原来是因为他的鞋带散了！这可真危险。小朋友,你们会自己系鞋带吗？今天就跟着我一起来学一学吧！

画面3：图文结合念儿歌

(8张简易、明了的系鞋带图片结合文字并配上优美的音乐逐一播放)

小黄人：两个好朋友,交叉握握手；一个钻山洞,拉拉两边走。

两只兔耳朵,交叉握握手；一只钻山洞,拉拉变蝴蝶！

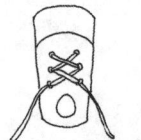 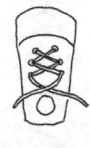  

两个好朋友　交叉握握手　一个钻山洞　拉拉两边走

两只兔耳朵　交叉握握手　一只钻山洞　拉拉变蝴蝶

画面4：小黄人示范来巩固

(小黄人操作系鞋带模型并念儿歌,右上角画中画播放刚才的8张图片)

小黄人：嘿,小朋友们,你们记住了吗？我可要用这个口诀来系鞋带了哟！请你们也跟着我一起来念一念吧！

两个好朋友,交叉握握手；一个钻山洞,拉拉两边走。

两只兔耳朵,交叉握握手；一只钻山洞,拉拉变蝴蝶！

画面5：幼儿尝试操作模型

小黄人：哇！你们可真棒,已经能和我一起念口诀了呢。接下来自己动手试一试吧！

(两名幼儿在小黄人的引领下边念儿歌边操作系鞋带模型)

两个好朋友,交叉握握手；一个钻山洞,拉拉两边走。

两只兔耳朵,交叉握握手；一只钻山洞,拉拉变蝴蝶！

(幼儿操作时镜头不断推近特写,发现一名男孩在最后一步发生错误,尝试系鞋带失

败,镜头切换,画面出现男孩和小黄人)

男孩:咦,小黄人,为什么我的鞋带没有变成蝴蝶呢?

小黄人:宝贝,你知道吗?其实这最后一步中还有许多小诀窍呢!只有同时掌握了这几点,你的鞋带才会变成蝴蝶。

男孩(点头):噢,那你就快告诉我吧!我都已经等不及啦!

小黄人:小朋友,你们是不是也遇到了同样的问题呢?那接下来你可要竖起小耳朵仔细听咯!

画面6:成人重难点讲解

(成人一边念儿歌一边操作最后两步,帮助幼儿解决重难点问题)

成人:耳朵长长要留尾,交叉握手捏捏牢;一个手指当山洞,钻过拉紧才算好!怎么样,你掌握以上4个窍门了吗?

(切换至成人手部特写动作,同时讲解以上4句口诀)

1. 兔子的耳朵要拉得稍长一些,但要留一段当尾巴。

2. 交叉的时候一定要用手捏住两个耳朵重叠的部位,这样鞋带才不会散。

3. 第三步,也是最关键的一步。山洞正好是一个手指的大小,太大容易散,太小就钻不过去了!

4. 钻过山洞后一定要把鞋带拉紧,这样蝴蝶才不会飞走!

画面7:幼儿再次尝试操作模型

小黄人:小朋友们,你们记住了吗?我们再来试一试吧。

(幼儿边念口诀边操作系鞋带模型并成功完成,出现字幕"成功!")

画面8:幼儿系鞋带

小黄人:耶!成功啦!小朋友们真是太棒了,我都迫不及待想自己系鞋带了呢!你们一定也等不及了吧,赶快试一试吧!

(配轻快的音乐,并用快进的速度播放幼儿真实系鞋带并成功的画面,出现字幕"我是高手")

(三)延伸活动

画面9：生活中的其他应用

小黄人：小朋友，你们知道吗？其实在我们的生活中，还有好多地方都要用到这漂亮的蝴蝶结呢。你看，去海边度假的帽子、小熊的领结、女孩子的发带，还有漂亮的腰带上都有蝴蝶结。只要我们学会了系蝴蝶结，以后就能动手美美地装饰自己的生活啦！

（分若干小片段，请一位幼儿示范蝴蝶结在生活中的其他应用，例如：帽子装饰、领结、发带、腰带等）

(四)尾声

画面10：小黄人结束语，并出现二维码

小黄人：好了，今天的小黄人课堂就先到这里，要跟大家说再见啦！小朋友，你们学会了吗？学会了记得让爸爸妈妈扫一扫屏幕下方的二维码来告诉小黄人哦。我和神秘礼物在一起等着你们呢！赶快行动吧！

五、应用建议

本微课通过多种示范、练习，向幼儿展示了系鞋带的正确方法与窍门，适用于幼儿和家长观看学习。通过微课，幼儿可以多次反复练习系鞋带的方法，并对其中的重难点有更深入的理解和体验。为了激励孩子们进行练习，建议家长或使用者可以通过扫描屏幕中的二维码，将孩子完成的图片发送给"小黄人课堂"的编辑，激励孩子动手操作，也使孩子的操作效果得到有效检验，体现本微课的有效性。

护牙大行动

宁波市鄞州区江东中心幼儿园　吴思玉

一、适用对象

中班幼儿

二、活动背景

随着现在生活水平的提高，孩子们喜爱吃各种糖果零食，因此龋齿儿童日益增多，甚至有的孩子都疼得无法来上课。对于缺乏自制力和还没养成良好生活习惯的儿童而言，他们无法抵抗甜食的诱惑，也常常不乐意刷牙。本微课通过多种形式，生动地展现了保护牙齿的重要性，同时也告诉孩子们保护牙齿的正确方法，让孩子们能够正确预防蛀牙，帮助幼儿养成良好的生活卫生习惯，提高自我保健能力，形成受益终身的生活能力和生活习惯，从而促进幼儿健康发展。

三、活动目标

1. 通过手偶故事了解保护牙齿的重要性，并学习保护牙齿的正确方法。
2. 学习刷牙，养成良好的生活卫生习惯。

四、活动过程

（一）画面 1：手偶故事表演 —— 小狮子看牙医

小狮子：小朋友们，你们好。我是小狮子，哎哟，哎哟，今天我要去看医生，因为我牙疼得实在是受不了了，哎哟。医生，我牙齿疼，你快帮我看看吧，我疼得实在是受不了了。

医生：你怎么了，快把嘴巴张开，先让我看看，（医生上前看一看）哎呀，你怎么有这么多蛀牙啊？

小狮子：呜呜呜。

医生：你平时爱吃糖吗？

小狮子点点头。

医生：你会天天刷牙吗？

小狮子摇摇头。

医生：每次吃完东西你都漱口了吗？

小狮子：没有。

医生：怪不得，你的蛀牙有这么多。来，我来帮你拔牙吧。

小狮子：啊，拔牙。这……这实在太可怕了，医生，可以不拔吗？

医生：当然不行，不拔你会一直疼下去的。

小狮子小心翼翼地走到医生面前张大了嘴巴，医生的钳子刚一碰到小狮子的蛀牙，小狮子就噌的一下反弹了回来，并捂着嘴说：哎哟，好疼啊，医生，这实在太可怕了！

医生：这蛀牙你一定要拔，否则你以后天天都疼。

这时小狮子只好怯怯地走到医生面前，医生把钳子伸进了小狮子的嘴巴里用力地拔。终于医生"咻"的一下帮小狮子拔掉了蛀牙。

小狮子终于不疼了，并有礼貌地说：谢谢你，医生。

医生：千万别忘记刷牙啊。

小狮子：嗯，我一定不会忘记刷牙的。

小狮子：小朋友们，你们有蛀牙吗？平时有没有像我一样不注意保护自己的牙齿呢？下面请你们看看这些是不是保护牙齿的正确行为呢？

(二)画面2:观看图片,判断哪些是保护牙齿的正确行为

（依次出示图片：有蛀牙及时看牙医,饭后漱口,早晚刷牙,常吃甜食,温水刷牙,常喝可乐,咬坚硬的食物,三个月换一次牙刷）

小狮子：小朋友们,请你们看一看,图片上哪些是保护牙齿的正确行为呢？（等待几秒后,在正确行为的图片旁显示笑脸图案,不正确的显示哭脸图案）哦,原来这些才是保护牙齿的正确行为,那另外一些呢？当然是错误的行为了。小朋友们,你们都猜对了吗？平时有没有都做到呢？

小狮子：另外,还想再问问小朋友们两个问题。平时你们都有好好刷牙吗？都是怎么刷牙的呢？接下来请大家跟着《刷牙歌》一起来刷刷牙吧。

(三)画面3:学习刷牙的正确方法

1. 小牙刷,手中拿,我呀张开小嘴巴。刷左边,刷右边,上下里外都刷刷。早上刷,晚上刷,刷得牙齿没蛀牙。张张口,笑一笑,我的牙齿白花花。

2. 播放幼儿生活中刷牙的场景。

(四)画面4:知道保护牙齿的目标

小狮子和医生：亲爱的小朋友们,我们的目标是什么？

五、应用建议

通过学习本微课,幼儿对保护牙齿的意识会进一步增强,也能学到保护牙齿的正确方法,尤其是刷牙的正确方法。因此建议幼儿在学习的过程中,可以进行互动式的经验反馈,跟着图片一起判断,跟着视频一起体验练习刷牙。教师可以在幼儿园的一日生活环节中播放视频,让幼儿自学,这样就可以有效促进幼儿在生活环节中的实际运用,比如饭后漱口。家长也可以在家陪伴幼儿进行播放自学,这不仅能有效协助家长培养幼儿良好的生活卫生习惯,也能成为家园共育的一个良好载体。

鲜果雪媚娘

宁波市镇海区实验幼儿园　叶咪娜

一、适用对象

大班幼儿

二、活动背景

"美食体验课程"是我园的一个特色活动课程。本活动取材于幼儿的生活,选择幼儿较喜欢且易制作的美食,作为他们学习生活自理的一个新的切入点,使幼儿在了解、学习力所能及的厨房劳动中,提高生活自理能力。

三、活动目标

1. 在故事情境中掌握制作雪媚娘的步骤,学习用放、挤、捏等技巧制作和装饰雪媚娘。
2. 品尝雪媚娘,感受雪媚娘的不同口味和口感。
3. 在活动中体验制作美食的快乐。

四、活动过程

具体内容	策略
(一)情境故事 小朋友们大家好,这就是我,我是制作甜品的冰皮。你看,我的皮肤是白白的,脸是方方的,摸上去软绵绵的	本环节创设故事情境,把雪媚娘的制作步骤融入故事情节。利用碗精灵的咒语——"快到碗里来"和"对角捏起来"使幼儿很

续表

具体内容	策略
像棉花糖一样。可是如何改变我,才会更好吃,让大家更喜欢呢? 　　直到有一天,我遇见了碗精灵,她有一只神奇的碗。碗精灵说:快到碗里来。我就跑到了碗里。她又接着说:快到碗里来。奶油也跑到了碗里。最后碗精灵大声说:对角捏起来。我居然就变成了一个胖乎乎圆滚滚的雪球。	快就记住了三个放和一个捏的步骤。
(二)欣赏各种各样的雪媚娘 　　幼:你可以选用一种颜色,还可以用多种颜色的巧克力笔,在我的表面勾勒漂亮的花纹,让我变得更美丽。 　　让我们一起欣赏一下吧。	本环节让幼儿欣赏各种各样的雪媚娘,进行相关经验的拓展。教师为孩子提供丰富的材料和工具,给孩子一个支架,让孩子自主选择,个性发展,为他们个别化学习保驾护航。
(三)连线游戏 　　幼:接下来,我们玩一个连线游戏,我要考考大家。 　　请把每次碗精灵使用的咒语和与其相对应的图片用线连起来。如果你答对了,你就会听到喝彩声。如果你答错了,你就会听到叹息声。 　　小朋友们,我们一起来试试吧。	本环节通过音频和连线的互动,让幼儿回顾雪媚娘的制作过程,再次巩固幼儿的经验,解决难点步骤。
(四)教师示范 结合视频展示: 　　第一步:快到碗里来——雪儿,在碗中央放入冰皮。 　　第二步:快到碗里来——奶油,往中间挤上打发好的奶油。(重点讲解挤奶油的方法,应该从上往下慢慢挤,而且要挤在中间) 　　第三步:快到碗里来——鲜果,在奶油的上面放入切好的水果丁。 　　第四步:对角捏起来,将皮包裹好,捏紧收口。(重点提醒幼儿先找到对角,捏起来要用点力) 　　然后穿上漂亮的百褶裙,拿起百褶裙轻轻一放一扣。 　　最后,在雪媚娘的脸上用巧克力笔装饰漂亮的花纹。	本环节通过教师示范和师幼互动,真正有效地拉开了制作雪媚娘的序幕。依据幼儿的年龄特点,鼓励每个孩子参与,教师在观察的基础上,以语言促进孩子的思考,帮助他们提升知识经验。

续表

具体内容	策略
（五）观察与比较 　　幼：同样是点心，我和蛋黄酥有什么不一样呢？小朋友们可以用小眼睛看、手摸、鼻子闻、嘴巴尝的方法来比较我们的不同。各种各样的水果和我做朋友，我就会变成各种口味的雪媚娘。小朋友们，你喜欢什么口味呢？	本环节是幼儿分享自己的劳动果实，促进幼儿分享行为能力的发展，以更好地获得社会交往的能力。 　　将不同的水果包裹进冰皮，就会产生不同口味的雪媚娘，鼓励幼儿大胆尝试，提升幼儿的生活经验。
（六）品尝与分享 　　幼：品尝时首先咬到的是特别柔滑的冰皮，里面是清香怡人的淡奶油，裹着好吃的水果粒。小朋友们你喜欢什么口味的雪媚娘呢？ 　　对了，告诉你们一个秘密：如果把我放进冰箱冷藏后再食用，细软中还带着丝丝凉意，会更美味哦！	

五、设计特色

　　在充分结合大班幼儿年龄特点和学习情况后，本微课采用了情境教学设计和游戏相结合的方法，有效结合幻灯片情境故事，让枯燥乏味的雪媚娘制作过程变成了雪媚娘蜕变的童话。整个活动通过故事、游戏、音频和课件的使用，让幼儿从视觉和听觉上都能够感受雪媚娘的制作方法和技巧，大大提高了幼儿的学习兴趣，寓教于乐，培养了幼儿良好的动手能力。同时充分体现"自主"的理念，让幼儿通过自主游戏和自主选择，获得自主的时间和空间，充分挖掘了生活活动的有效价值。

做卡通饭

宁海县梅林中心幼儿园　周佳蓉

一、适用对象

中、大班幼儿

二、活动背景

"做卡通饭"活动来源于幼儿的区域活动"快乐厨房",是教师将低结构活动向高结构活动转换的一种尝试。厨房活动的主要特点是:真实的材料、真实的情境、真实的体验。每一次真实的制作,既可满足孩子模仿大人的欲望,还能让孩子体验到成就感。活动从学习制作美食出发,但目的绝不只是"学会制作各种食物,培养幼儿动手操作的能力",而是引导幼儿在真实情境的活动中,观察生活,体验生活,发现生活中制作食物与分享美食的乐趣,感受饮食与文化间的关系。

三、活动目标

1. 欣赏各种卡通饭,感受卡通饭的造型美。
2. 探索饭团制作方法,并能大胆地创作一份饭团,体验厨房劳作带来的乐趣与成就感。

四、活动过程

(一)走进"饭团"——感知饭团的造型美

小朋友们,今天老师带来了一些动物朋友,大家看看都有谁?它们是用什么做的?

这些小动物都是用米饭做的,它们都有一个共同的名字——饭团。

(二)探索"饭团"——发现饭团的制作方法

1. 了解饭团模具。

饭团是怎么做出来的呢?

对了,就是饭团模具,饭团模具能把米饭变成各种各样的形状。

(出示饭团模具)

猜一猜,什么模具能做出什么形状的饭团呢?

验证猜测结果。

2. 探索饭团制作方法。

我们也来做小厨师吧,做饭团。你们会做饭团吗?该怎么做呢?

师:做饭团要用到米饭、调羹和饭团模具,我们试一试吧。

(幼儿第一次操作)

为什么饭团不能成型呢?

幼儿讨论。

原来,我们在做饭团的时候,要注意两点:一把米饭放入模具时要平整、压实;二将模具扣在盘子上时,要轻放、轻拿。

(幼儿第二次操作)

太棒了,小厨师们都会做饭团了!

(三)运用食材——创作卡通饭

(出示卡通饭)

你喜欢几号卡通饭?为什么?

卡通饭都放了哪些配料呢?这些配料是什么颜色的?组成了什么形状?

我们一起来看看 1 号卡通饭团，给你什么感觉？它用了哪些方法摆盘？

原来，我们做好饭团后，可以选择自己喜欢的配料，搭配颜色，组成形状，一份卡通饭团就做好了。

（幼儿第三次操作）

我们做好饭团后，选择自己喜欢的配料，搭配颜色，组成形状，一份卡通饭团就做好了。

（四）展示欣赏 —— 品尝美食

1. 展示"创意饭团展"。说说你喜欢哪个饭团？取个好听的名字。

2. 分享美食。

延伸活动：把"创意饭团"活动放到小厨房中，丰富幼儿的游戏内容。

五、设计特色

1. 渗透幼儿园课程理念。

"做卡通饭"是教师将低结构活动向高结构活动转换的一种尝试，拓展延伸幼儿园的"快乐厨房"课程。

2. 填补幼儿的发展需要。

厨房活动在家庭教育中被视为"危险事情"，家长不让孩子"动手"，但是幼儿天性喜欢厨房，喜欢和大人一样制作美食。为此，我们模拟真实厨房、真实情境，让幼儿在厨房的"动动做做"中全面发展。

3. 整合幼儿的已有经验。

整个活动充满了探索、趣味和期待。三个操作环节层层递进，整合和提升了幼儿的已有经验，不仅发展了认知经验、动手能力，还提升了生活智慧。

水果宝宝

宁波市市级机关第二幼儿园　汪静科

一、适用对象

中班幼儿

二、活动背景

本活动来源于《幼儿园教育指导纲要·中班上》主题"丰收了"中的活动六《参观水果店》。水果是幼儿在生活中经常能够接触到的,而秋季是水果丰收的季节,各种各样的水果不管是从颜色、味道还是形状上都吸引着幼儿。中班上学期的幼儿思维仍处于具体形象思维阶段,比起图片、视频,直观、形象的水果实物更能够调动幼儿的各项感觉和知觉,丰富幼儿的经验和感受。陶行知的生活教育理论告诉我们"生活即教育"。因此本微课的内容在《参观水果店》的基础上又加入了购买水果、制作水果拼盘和品尝水果的内容。三个环节层层递进,既让幼儿了解了购买水果的方法,获得了购买水果的经验,又增添了活动的趣味性,提升了幼儿的各项能力。

三、活动目标

1. 知道秋天是水果成熟、丰收的季节,了解不同水果的外形、味道等特征。
2. 初步学会买水果,能够解决一些简单的问题。
3. 体验买水果的乐趣,感受生活中的数学和艺术美。

四、活动过程

【活动准备】

1. 物质准备：每个孩子10元零钱。

2. 经验准备：有过与家长一起购买水果的经验。

(一)经验回顾，激发兴趣 —— 准备出发喽

1. 小朋友们，你们去过水果店吗？想一想水果店是怎么样的呢？（播放幼儿七嘴八舌讲述对于水果店印象的视频）

2. 买水果之前你们会准备一些什么呢？你们会自己买水果吗？（播放幼儿在买水果之前做准备的视频）

(二)参观咨询，认识水果 —— 认识水果宝宝

1. 小朋友们，这里的水果宝宝你们都认识吗？（播放幼儿参观水果店挑选水果的视频）

2. 买水果的时候你们遇到过不认识的水果宝宝吗？你们会怎么做呢？（播放幼儿咨询服务员阿姨的视频）

(三)细心挑选，购买水果 —— 带水果宝宝回家喽

1. 接下来，让我们一起带着心爱的水果宝宝回家吧！（播放幼儿挑选水果，在收银台排队付钱的场景）

2. 小朋友们，秤上的这些数字你们认识吗？它们是干什么用的呢？（播放服务员阿姨为幼儿解释数字意义的视频）

3. 买水果的时候，如果钱不够该怎么办呢？你们会怎么做呢？（播放幼儿在遇到问题时采用借钱、更换水果等方法的视频）

(四)操作感知，交流分享 —— 跟水果宝宝做游戏

1. 数一数。小朋友们，你们买了几种水果呢？

2. 比一比。谁买的水果大？谁买的水果小？谁买的多？谁买的少？我们一起来给

它们排排队吧！（播放幼儿比较水果数量、大小的视频）

（五）精心制作，细细品尝——水果宝宝大变身

1. 接下来，让我们一起帮助水果宝宝大变身！（播放幼儿清洗、削皮、切的视频）小朋友们，做这些事情的时候你们可要小心！

2. 你们会怎么来做水果拼盘呢？（播放幼儿制作水果拼盘时相互协作的视频）

3. 美味的水果拼盘制作完成啦！你们也想尝一尝吗？（播放幼儿品尝水果拼盘的视频）

4. 小朋友们，现在你们会买水果了吗？

五、设计特色

1. 注重生活化教育。

本活动结合生活教育，让幼儿在真实的环境中学习和发展。设计的参观水果店、购买水果、制作水果拼盘和品尝水果四个环节层层递进，充分拓展了幼儿的生活经验。

2. 强调幼儿主体性。

整个活动中，孩子成为真正的主人，遇到问题时孩子尝试主动地解决问题，主动地操作、探索和尝试。

3. 凸显课程综合性。

在整个活动中，不仅幼儿的社会交往能力、动手能力、语言表达能力、逻辑思维能力等方面有了提升，其坚毅、勇敢、自信等品质也得到了培养。同时活动还给予了幼儿感受生活中的数学和艺术美的机会，促进了幼儿各方面能力的发展。

小白虾

象山县滨海幼儿园　周志远

一、适用对象

小班幼儿

二、活动背景

小班幼儿的生活自理能力较弱,动手能力参差不齐,集体教学时教师往往不能兼顾到幼儿的个别差异性。然而,微课教学正好缓解了此冲突,提升了教师教学的艺术魅力,更巧妙地促进了幼儿动手能力的提高。

三、活动目标

1. 通过欣赏微课内容,认识小白虾的外形特征,自主学习剥虾的方法。
2. 增强动手能力,丰富生活经验,体验成功感。

四、活动过程

(一)片头部分

地点:大润发超市

旁白:教师带领一名幼儿来到大润发超市,实地参观水产区中的小白虾。通过与虾的近距离接触,增进幼儿对虾的好奇与喜爱。

(二)场景1:参观水产区,认识小白虾

  地点:大润发超市一楼水产区

  材料:水产区中的小白虾

  旁白:虾是幼儿生活中最为熟知的海产品之一。透过大大的玻璃水缸,幼儿远远地就看到了虾在游动的身子,便兴奋地跑了过去。

  幼:哇,好多虾呀!

  (近景拍摄小白虾的游动状态)

  师:小白虾味道鲜美,营养丰富,吃了让我们的身体棒棒的!仔细看看,小白虾长什么样呢?

  师:头戴硬帽子,留着长胡子,身穿小褂子,尾巴扎辫子。

  (近景拍摄煮熟的虾,并给一只虾特写镜头)

(三)场景2:学剥小白虾,快乐"三步曲"

  地点:幼儿园娃娃家

  材料:一盘煮熟的小白虾

  旁白:幼儿看着盘子里的小白虾,脸上漾起了开心的笑容,闻着阵阵鲜香味,便忍不住想去摸摸盘子里的小白虾。

  师:摘掉小帽子,轻轻捏住它的小帽子,一拧,瞧,小帽子摘下来了;脱掉小褂子,找到它的小肚子,往外一剥,小褂子也脱下来了;拉掉小辫子,揪住它的小尾巴往后一拉,小辫子也掉下来了,瞧,小白虾剥好了!

  (近景拍摄教师剥虾的过程)

  师:我们一起来剥虾吧。

  师:第一步,摘掉小帽子;第二步,脱掉小褂子;第三步,拉掉小辫子;最后,吃进小肚子。

(四)场景3:动手剥一剥,美味在口中

  地点:幼儿园娃娃家厨房

  材料:一盘煮熟的小白虾、三个小碗旁白：三名幼儿被教师的趣味儿歌深深地吸引了。教师的形象示范激发了幼儿剥虾的兴趣，他们开始迫不及待地剥起小白虾来。

幼：小白虾真好吃呀，大家快来剥虾吧！

（近景拍摄三名幼儿剥虾、吃虾的过程，并近景特写一名幼儿剥虾的过程）

（五）结尾部分

旁白：三名幼儿专注地剥着虾，体验剥虾的乐趣，开心地品尝着自己的劳动成果，享受成功剥虾的喜悦感，并将部分剥好的虾仁装进盘子里，邀请小伙伴们一起来品尝虾的美味！

五、设计特色

对于幼儿来说，微课的作用更直观形象，更容易理解与接受。生动巧妙的儿歌弱化了教学的痕迹，与自制视频相互结合，起到了情景交融的良好帮促作用。通过视频的传递，帮助幼儿加深对虾身体结构的认知；通过对趣味儿歌的欣赏模仿，增强幼儿学习的积极性，并让幼儿在看看、说说、剥剥中逐渐学会剥虾的技能，同时感受自我服务的乐趣，体验独自完成任务的成就感。对于教师来说，这无疑是一次经验的积累与交流，通过大胆的创新互动教学，提升了制作微课的积极性与自信心，并充分感受到微课教学的魅力和重要性。

好吃的番薯干

宁波市鄞州区下应街道中心幼儿园　缪春莉

一、适用对象

大班幼儿

二、活动背景

番薯是我们平时经常接触的食物,由它制作的许多食品幼儿都很熟悉,尤其是作为主食的番薯粥。随着人们生活水平的提高,现在对番薯的加工都比较机械化,一些传统纯手工制作番薯干的技艺,被慢慢遗忘了。因此,本活动旨在让幼儿全面了解当地番薯干的制作方法,并通过制作加深对它的喜爱之情。在激发幼儿兴趣的过程中,为幼儿创设条件,让幼儿通过探索、交流、操作等多种形式,去看、去想、去玩、去做,体验和老师、同伴一起制作所带来的快乐。

根据学龄段幼儿的特点,结合实际,在对番薯干认识、了解的基础上开展制作番薯干的活动,让幼儿真正走近番薯,走进生活,在生活中得到发展,获得经验。这也是开展本活动的指导思想。

三、活动目标

1. 了解制作番薯干的主要过程,尝试动手参与。
2. 体验和老师、同伴一起制作所带来的乐趣。

四、活动过程

(一)去皮蒸熟

先把番薯洗干净,然后去皮切成四块,接着加入一点糖,最后把番薯放到蒸笼中去蒸熟。

(二)匀力捣泥

把蒸好的番薯倒在准备好的小盆里,再把番薯来回捣成均匀的泥,然后根据喜好加入生芝麻或橘子皮(因为生芝麻没有加工过,所以当碰到热的番薯时,可把其香味融合在番薯干里,这样制作出来的番薯干会比较香),再次均匀捣,让芝麻和番薯均匀地混合在一起。(操作要点:来回或上下均匀捣,要把番薯捣成泥一样,没有一点小结块,这样有助于番薯更好地定型。同时在捣的过程中一边放芝麻,一边捣,让芝麻更好地与番薯融合在一起)

(三)均匀压实

底盘上面铺一层棉纱,把捣好的番薯泥倒入准备好的底盘中间,用磨平器按从左往右的顺序,用力把番薯泥压结实,压平整。因为番薯泥黏性较小,结实平整才不会散。(操作要点:这个步骤中压的技能十分重要,在铺满的番薯泥上,必须从左往右按同一个方向用力压,并且要把它压结实,压平整,这样的番薯泥才容易定型)

(四)通风晒干

准备好一个大的平底竹筐,在竹筐里铺上洗干净的稻草,稻草一定要干,然后把成型的番薯泥两两结合轻轻地反倒在稻草上。(操作要点:在反倒的过程中,幼儿要蹲下来,与同伴一人拿两个角,并轻轻地同时往一个方向反倒。因为番薯泥还是湿的,容易变形,反倒时幅度最好小一点)接着把竹筐放到通风的地方晾干,或放到太阳底下晒。

(五)收获成果

四五天后,番薯干变得有点硬、不会散的时候,我们把番薯干收起来,然后用剪刀把番薯干一片一片地剪下来，剪成大概 2 厘米左右的宽度，这样的番薯干我们可以当作零食直接吃，也可以当作食材炒着吃。

(六)快乐品尝会

伴随着美妙的音乐，让幼儿品尝自己制作的番薯干，体验劳动带来的快乐。

五、设计特色

1. 内容选取传统化。

采取传统的制作方法来制作番薯干，进一步加深幼儿对传统文化的喜爱之情。

2. 取材来源于生活。

番薯是我们平时经常接触的食物，幼儿特别熟悉，而且也接触过许多番薯制成的食品。结合本土特色，让幼儿更多地了解传统番薯干的制作过程。

3. 注重环境的创设。

"适度的新异刺激更能激发幼儿学习的积极性。"本活动除了让幼儿亲身体验制作番薯干，还为幼儿创设了农家传统的背景，提供了传统的服装，通过探索、交流、操作等多种方式，体验劳动带来的快乐。

我会细嚼慢咽

宁波市新城第一幼儿园　顾维娜

一、适用对象

中班幼儿

二、活动背景

进餐是幼儿每天不可缺少的环节,培养幼儿良好的进餐习惯可以促进幼儿的身心健康发展。幼儿在进餐中仍或多或少存在一些问题,随着隔代教养的家庭日益增多,孩子们的"吃"更成了家长们操心的问题。许多幼儿存在挑食、偏食、边吃边玩、狼吞虎咽等不良饮食习惯,进而影响到幼儿的健康成长以及良好个性的培养。本微课旨在帮助幼儿形成良好的饮食卫生习惯和规范,以吃饭要细嚼慢咽来开展活动,培养幼儿良好的习惯。

三、活动目标

在故事情境中懂得进餐时要细嚼慢咽的道理。

四、活动过程

(一)PPT出现丽丽的图片——谈话导入,引出关于进餐的话题

你们好,我是丽丽,是一个贪吃的小朋友。不和你们聊了,吃饭时间到了,我要回家吃饭去喽!

(二)借助故事情境,帮助幼儿了解进餐习惯

1. 寻找丽丽肚子痛的原因。

(1)丽丽吃面条的图片 —— 哇,妈妈准备了我最爱吃的面条,好香呀。"啊呜啊呜",真好吃,我一下子全都吃完了。

(2)丽丽肚子痛的图片 —— 哎呀,我的肚子,我的肚子好痛呀。

(3)小朋友提问的视频 —— 咦,丽丽为什么会肚子痛呢?让我们问问医生吧。

2. 医生解答丽丽肚子痛的原因。

(1)医生手拿卡通模型边操作边讲述 —— 最近有很多小朋友吃完饭后会肚子痛,那是因为他们吃饭的时候没有细嚼慢咽,大块大块的食物直接被挤到了胃里面。胃就变得鼓鼓的,不舒服。现在让我们来看看胃是怎么工作的吧。

(2)进一步了解肚子痛的原因。

①绘本画面一 —— 又粗又长的面条一下子冲进胃里,把帮助消化的小精灵缠住了,整片的生菜叶飘下来,像床单一样把他们裹住了,还有那整块整块的沉甸甸的肉,砸了下来。这一切让胃里帮助消化的小精灵们手忙脚乱。

②绘本画面二 —— 瞧,越堆越多,越堆越多,这些小精灵忙得晕头转向。

③绘本画面三 —— 还有些小精灵都忙得累晕了。这可怎么办呢?没有小精灵帮助消化啦。所以,我们吃东西一定要细嚼慢咽呀。

3. 小朋友讲述的视频 —— 总结进餐时要细嚼慢咽的道理。

我知道了,原来我们吃饭要细嚼慢咽,这样我们的肚子就不会痛了。

(三)幼儿进餐,演示吃饭要细嚼慢咽

1. 多名幼儿吃饭的视频 —— 小小勺子手中拿,小小嘴巴不说话。一口饭来一口菜,细细嚼来慢慢咽。不挑不拣我都爱,健健康康乐开怀。

2. 幼儿讲述的视频 —— 我会细嚼慢咽了,你会了吗?除了吃饭要细嚼慢咽,我们还要做到饭前要洗手,吃完饭不能马上跑步,不能马上吃冷饮,这样我们的肚子就不会痛了。

五、设计特色

1. 选材源于生活。

进餐不良习惯问题屡禁不止,令家长和教师头痛不已。因此本微课以幼儿实际生活为出发点,选择了进餐这个题材,又从吃饭要细嚼慢咽这个小点深入,帮助幼儿养成良好的进餐习惯。

2. 设计避免说教。

在活动中,教师的引导十分重要,所以选择了适宜的绘本《肚子里有个火车站》(部分画面)来展开活动设计,避免了教师生硬的引导。针对家长和教师强调"吃饭要细嚼慢咽"的问题,本微课也给予了直观、清晰的解答,让孩子们在感同身受中了解进餐的秘密。

我会漱口

宁波市海曙区中原艺术幼儿园　何玲玲

一、适用对象

小班幼儿

二、活动背景

小班阶段是幼儿良好卫生习惯养成的关键期，养成漱口习惯对保持牙齿清洁和口腔卫生十分重要，但由于幼儿生活自理能力较差，不能坚持每天早晚刷牙，进餐后也没有漱口习惯，本班级中就有许多幼儿存在不漱口或漱口不到位的现象。本活动通过游戏儿歌的形式学习漱口的方法，将漱口的行为内化为自发的行为，为良好生活习惯的养成奠定基础。

三、活动目标

1. 初步了解漱口具有清洁口腔、保护牙齿的作用，学习正确的漱口方法。
2. 愿意坚持饭后漱口，养成饭后漱口的良好卫生习惯。

四、活动过程

【活动准备】

1. 奥利奥饼干、镜子、图片、PPT、牙疼的视频。

2. 学具：幼儿每人一个小水杯、水、脸盆。

(一)情景导入，激发兴趣

1. 教师邀请小朋友吃奥利奥饼干。

2. 饼干黏在牙齿上，牙齿会怎么样呢？（会有蛀牙、会不卫生）

3. 那你有什么办法让牙齿变干净，不长蛀牙呢？

(二)了解漱口的方法及作用（重难点的突破）

1. 有什么好办法可以让牙齿变干净？我们可以用一个很简单的方法来保护我们的牙齿——漱口。

2. 幼儿初步了解漱口的方法。

漱口需要什么东西呢？（水杯和干净的温水）

3. 教师儿歌示范，先看看教师是怎样漱口的。（教师念儿歌：手拿小水杯，喝口清清水，抬起头，闭起嘴，咕噜咕噜——吐，牙齿真干净）

4. 师幼观看课件（漱口步骤图）：边看图片边学动作。

(三)幼儿亲身实践，掌握漱口方法

1. 请幼儿漱口。

2. 教师指导幼儿实践练习。

(四)拓展：保护牙齿的好方法

还有什么办法可以保护我们的牙齿呢？（少吃甜食、勤漱口）

我会整理

宁波市明楼幼儿园　叶　君

一、适用对象

中班幼儿

二、活动背景

中班段是幼儿行为习惯养成的关键期。能整理自己的物品,是中班幼儿生活自理能力的体现,比如叠衣服、整理玩具、收拾小抽屉等。本微课以整理小抽屉为切入口,结合一日生活中的整理要点,帮助幼儿学习收拾和存放自己的物品,实现自我管理。

三、活动目标

1. 学习整理小抽屉的好方法,提高分类整理能力,养成物归原处的良好的整理习惯。

2. 初步掌握整理的一些基本方法,乐于自己的事情自己做,为自己能够整理而感到自豪。

四、活动过程

【活动准备】

多媒体课件,小抽屉材料人手一份,情景创设(餐具、衣裤、玩具等)

(一)引入活动,整理很重要

1. 播放多媒体课件:请仔细观察画面中的小抽屉是怎样的。

2. 引出问题:抽屉这么乱,这可怎么办?你们能帮他整理吗?该如何整理?

3. 幼儿自由讨论整理抽屉的方法。

(二)情境展示,学习整理抽屉

1. 第一次尝试整理抽屉。

(1)教师提出要求:请每个孩子用自己的方法整理一个抽屉。

(2)幼儿个别尝试整理。

(3)集中展示,请幼儿说说是如何整理的,引导幼儿探讨并总结出整理抽屉的方法。

2. 播放课件,学习整理抽屉的方法(图片+儿歌演示)。

(1)我们一起来看看该如何整理抽屉。

(2)小结:图书长得大,放在最下面;蜡笔、水彩笔小文具,放在最上面!吸汗巾、小手帕,轻轻叠好放小盒;其他东西放旁边,小小抽屉真干净!

3. 再次实践整理抽屉,播放整理抽屉的视频,幼儿边看视频,边念儿歌。

(三)提升经验,巧手来整理

1. 播放课件,了解一日活动中其他物品的整理方法。

在幼儿园一日活动中还有很多需要整理的地方,我们一起来看一看。

(1)餐后的整理。

收拾餐具:吃完饭,擦擦嘴,调羹碗筷送回家。

漱口:手拿花花杯,喝口清清水,抬起头,闭着嘴,咕噜咕噜吐出水。

(2)衣物的整理。

衣服叠法:一只袖子盖上来,两只袖子盖上来,大大被子盖上来,小宝宝睡觉了。

裤子叠法:裤腰对裤腰,裤脚对裤脚,中间折一折,裤子就叠好!

(3)玩具分类整理。

积木放在积木盒,玩具放在玩具箱,书本放在书架上,自己收拾真开心!

2. 小组合作进行其他整理活动。

请小组选择一个整理活动,完成后老师检验其是否进行了有序的整理。

小结：我们不仅学会了整理抽屉的方法,还掌握了一日活动中其他物品的整理方法,我们真能干!

我会用筷子

宁波市乐源幼儿园　叶秀琴

一、适用对象

中班幼儿

二、活动背景

筷子，是幼儿一日三餐离不开的用餐工具，与我们的生活密不可分。幼儿用筷子夹取食物时，不仅需要五个手指的精细协调配合，腕、肩及肘关节也要同时参与。进行幼儿手的活动功能训练，一方面可以使幼儿享受用筷子进餐的乐趣，另一方面对幼儿的智力发育也有好处。中班幼儿的手部肌肉已不断发展，可以掌握多种动作技能，对于使用筷子这一内容的学习也是水到渠成。本活动试图通过游戏的形式，让幼儿在情境中学会使用筷子，并体验其中的乐趣。

三、活动目标

1. 知道筷子是中国人发明的，学习筷子的正确使用方法，尝试用筷子夹各种物品，体验使用筷子带来的乐趣。
2. 提高手部肌肉的灵活性和手指配合的协调性。

四、活动过程

【活动准备】

1. 物质准备：图片若干；不同材质的筷子若干；蛋糕、积木、纸团、弹珠等实物若干；照片若干。

2. 经验准备：有猜谜语的经验。

(一)谜语引题

身体细长，兄弟成双，只会吃菜，不会喝汤——猜一种生活用品。（教师边说谜语，边出示相关图片，帮助幼儿理解谜面）

(二)了解筷子的材质与作用

1. 请幼儿猜猜筷子是由哪个国家的人发明的。

2. 教师提供塑料、竹质、木质、金属等不同材质的筷子，请幼儿观察后选一双自己最喜欢的筷子与同伴交流。请幼儿自主观察筷子的材料与形状。

你喜欢由什么材料制作成的筷子？

它有什么特别的地方？

你有哪些有趣的发现？

原来有那么多的材料可以做成筷子，小小的筷子有不同的形状、不同的花纹和不同的颜色，我们的祖先可真聪明。

3. 通过图示与讲解法，了解筷子的形状与作用。

中国人为什么要发明筷子呢？

筷子有什么用呢？

(三)学习筷子的正确使用方法（重难点）

1. 筷子应该怎么拿呢？

全体幼儿试着拿筷子。教师请若干名幼儿上来示范。

2. 视频介绍筷子的基本拿法：将筷子斜搭在右手的虎口处，然后用右手的拇指、食指、中指指肚轻轻握在筷子中段,中指放在两根筷子中间,无名指、小拇指自然放在筷子下面。请幼儿练习拿筷子。(边放视频边让幼儿尝试拿筷子)

3. 教师示范用筷子夹食物的正确方法:夹食物时,下面那根筷子是不动的,用前三指控制上面那根筷子开合,以成功夹取食物。

4. 引导幼儿练习夹取模拟实物:蛋糕、纸团、积木、弹珠等。

(四)拓展延伸活动

1. 以赠送小礼物的形式巩固对筷子材料与形状的认识,并重温筷子的使用方法。

2. 观看照片,激发幼儿使用筷子的兴趣。

看,小伙伴们用筷子搭建物体,进行夹弹珠比赛,玩得多开心啊!连国外的朋友也在学习使用筷子呢,你知道还有哪些国家的人也在使用我们中国人发明的筷子吗?赶快行动,去找找答案吧!

生活与社会

整理书包小达人

宁海县中心幼儿园　严珊珊

一、适用对象

大班幼儿

二、活动背景

大班幼儿即将升入小学,他们对小学生活充满了好奇。在一次幼小衔接活动中,孩子们对小学生背的书包产生了浓厚的兴趣。有的幼儿说:"哥哥姐姐的书包里肯定有很多书。"有的幼儿说:"哥哥姐姐的书包里说不定还有很多玩具呢。"还有的幼儿则提出疑问:"为什么哥哥姐姐每天都要背书包呢?"在孩子们热烈的讨论中,我意识到:书包是小学生的必备物品,帮助大班幼儿了解小学生的书包,是幼小衔接活动中一个重要的德育课程。

本活动旨在让幼儿初步了解小学生书包里所放物品的名称及功用,引导幼儿尝试整理书包,提高自理能力,养成良好的生活、学习习惯,从而对小学有美好的期待。

三、活动目标

1. 学习整理小书包,为进入小学做好准备。
2. 养成良好的生活、学习习惯,学会自己的事情自己做。

四、活动过程

【活动准备】

1. 物质准备：书包、各类学习用品、整理提示卡等。

2. 经验准备：曾参观小学，认识书包。

(一)创设情境、游戏导入

1. 猜一猜：四四方方一口箱，书本文具里面藏，每天上学离不了，它是我们的好伙伴。

2. 幼儿自由猜测，引发兴趣。

(二)整理书包、实践体验

1. 第一次初步整理。

(1)小朋友们马上就要上小学了，今天我们就来学习整理书包吧！书包里面有哪些东西呢？该如何整理呢？试一试吧！

(2)讨论：为什么食物和玩具不能放进书包里呢？

小结：小学生的书包里主要是放每天上课要用到的课本、作业本、铅笔盒等学习用品，还可以装瓶水，零食和玩具是不适合放书包里的。

2. 第二次重复整理，重点关注幼儿是否把零食和玩具放进书包。

3. 第三次结合课程表整理。

(1)这是什么？课程表有什么用呢？

小结：每个小学生的书包里都有一张课程表。我们可以通过看课程表知道明天要上哪些课，要带哪些课本。课程表可是整理书包的一大法宝！

(2)你们会看课程表吗？

①动脑筋想一想，课程表上边和左边的数字分别表示什么？

②现在请找一找星期一有哪些课？是怎么找到的？

③小练习：找一找星期四的课有哪些？星期二上午第二节是什么课？

(3)出示"整理书包小秘诀"，引导幼儿仔细倾听，了解整理书包的顺序和方法。

(4)第三次整理：结合课程表自由选择"提示卡"进行整理。

小结：小朋友们真能干，都会看课程表整理书包里的物品了。你们真是整理书包小达人呀！现在让我们背起书包上学去喽！（播放《上学歌》音乐）

（三）活动拓展、行为延伸

我们应该怎样爱护小书包呢？

五、设计特色

大班是幼小衔接的关键阶段。本活动从幼儿的实际需要出发，捕捉到了幼儿感兴趣的话题——小学生的书包，并以此为切入口，让幼儿了解小学生书包内的物品，从而为即将进入小学做好准备。

1. 活动中的可操作性。

本活动充分调动幼儿学习的积极性与主动性。活动中，教师提供给每个幼儿相应的操作机会，按照初步整理书包——学看课程表——结合提示卡——最后整理书包的步骤，每个幼儿都有机会进行动手实践。

2. 活动中的情感激发。

本活动充分激发了幼儿对小学的向往和热爱之情。活动中，教师巧妙运用语言的鼓励、音效的设置以及与PPT画面积极的互动，请幼儿背起书包快乐地演唱《上学歌》，让他们从心里萌发出渴望上小学的积极感情。

3. 活动后的行为拓展。

本活动养成了大班幼儿良好的行为和学习习惯。整理书包还可以作为幼儿日常生活的一部分，教师可经常鼓励幼儿进行书包内物品的检查、准备、整理，巩固良好习惯，增强自理能力，为接下来的小学生活奠定基础。活动还可延升为整理玩具、杂物等。

汽车城大冒险

宁海县中心幼儿园　赵静亚

一、适用对象

中班幼儿

二、活动背景

"中国式乘车"是生活中一个令人感到无奈的话题，争抢上车、不文明乘车等现象普遍存在。公民交通规则意识淡薄，已经影响到了下一代的成长。本微课摒弃以往泛泛而谈交通安全的教法，以"乘车安全"这一小点为主要内容，突显对乘车实例的挖掘，对乘车细节的把握。在课堂教学中，一节课枯燥、乏味，孩子们无法将"乘车安全"这一认知内化，但是，微课可以恰到好处地弥补课堂教学的缺陷，通过视频、音效等带来的生动体验，更容易把握关键知识点，突破难点，提高幼儿的自我保护能力。

三、活动目标

1. 了解汽车喇叭、灯光的作用，学会避让和保护自己。

2. 知道乘坐汽车应注意的安全事项。

3. 在探险游戏的情境中，运用仔细看、认真听的方法勇闯关卡，体验成功的快乐。

四、活动过程

【活动准备】

1. 模型公交车、两扇门、百宝箱一个（内装若干封信和交通安全小卫士胸牌）。

2. 课件、师幼操作卡一份。

(一)情境导入，引出主题

师：听说汽车城里藏有一箱宝藏，你们想要吗？我们一起去冒险吧！

(二)勇闯三关，解决问题

第1关：会说话的汽车——了解汽车喇叭、灯光的作用

1. 了解汽车喇叭的作用。

2. 声音大考验：听听这是什么声音？

师：是的，这些都是执行任务的特殊车辆，听到这些车的声音我们一定要主动避让。

3. 灯光小秘密：看看下一关等待我们的是什么呢？

(1)观察倒车灯。

师：你们猜它在说什么？

幼：它要倒车了。

师：你从哪里看出来？

幼：车屁股后面的两盏灯一闪一闪的。

(2)观察转向灯。

师：你们能看出来这辆车要往哪个方向转弯呢？

幼：它要向左边转了。

师：你怎么看出来的？

师：看来只要我们用眼睛仔细观察，用耳朵认真倾听，就能掌握汽车的这些语言信息，就能更好地保护自己了。

第2关：安全号专车——知道乘坐汽车应注意的安全事项

1. 师：这是一辆带我们寻找宝藏的安全号专车。看，车门上还有一个公告呢，我们一

起来看看。大家看懂了吗?

2. 四人一组操作。

3. 交流、分享经验。

第 3 关:突发小状况 —— 会运用学到的知识解决实际问题

1. 危险情境 A:一幼儿在一辆正在倒车的车子后面玩耍

师:发生什么事了?为什么会发生这样的事情呢?小明应该怎么做呢?

2. 危险情境 B:一幼儿在马路上踢球

师:发生什么事了?他这样做对吗?那应该怎么做?

(三)找到宝藏,体验成功

1. 师:快看,前面有什么?猜猜是什么礼物?

2. 师幼一起用快板和圆舞板有节奏地念《安全乘车歌》。

3. 师:我们不光要自己做交通安全小卫士,还要把今天学到的有关交通安全的知识告诉更多的人,让大家都能遵守交通安全规则,好吗?现在我们一起去宣传吧!

五、设计特色

本活动来源于生活又服务于生活,体现了"遵守交通规则,要从娃娃抓起"的主旨,这也是本活动的亮点。

1. 勇闯三关 —— 让幼儿在具体情境中学习知识,解决问题。

活动中,教师非常注重幼儿的体验过程,以情境贯穿始终,让幼儿能在情境中体验、学习。首先,在第一关中展示具有代表性的特种车辆的音效和普通汽车的声效,以及常见车灯(转向灯和倒车灯)的图片,吸引幼儿的注意力,并让幼儿充分参与讨论,从被动学习变为主动学习。通过主动参与,幼儿对汽车的喇叭、灯光有了更进一步的了解和掌握,能够自己认真学习安全知识。其次,在第二关中以动画欣赏、图片纠错的形式让幼儿去主动发现问题,并采取分组讨论和教师小结相结合的方式帮助幼儿掌握乘车时应具备的安全知识。最后,在第三关中以"小状况"频发的形式展开,让幼儿在帮助他人解决实际问题的过程中再次感受安全出行的重要性,避免各种危险动作及不适宜行为。既有师幼的互动,又有幼儿与幼儿间的交流互动,课堂气氛活跃。

2. 教具巧妙 —— 让幼儿体验到了过程的美妙和成功的快乐。

教具是活动的点睛之笔,本活动中百宝箱的出示非常巧妙,打开百宝箱的那一刻孩子们沸腾了。一个小小的胸牌让孩子们立刻萌发了成为一名真正的交通安全小卫士的情感。孩子们兴趣盎然地为自己戴上胸牌,精气神儿十足。同时,以一首朗朗上口的儿歌《安全乘车歌》小结活动知识点,使目标得到进一步的深化,还对本活动的重点做了很好的归纳、整理。师幼共同用快板、圆舞板来为儿歌打节拍,为最后宣传交通安全知识埋下了伏笔。

3. 课外延伸 —— 将幼儿园、家庭、社会三者有效融合。

课堂教学从课内延伸到课外,家长在带领孩子出行的过程中,提示并监督幼儿做到安全文明乘车,并及时表扬幼儿好的表现,鼓励幼儿争做"交通安全小卫士"。

六、应用建议

本微课体现了"来源于生活,服务于生活"的宗旨,适用于教师教学、亲子互学。只有我们时刻培养幼儿的交通安全意识,使其将安全牢记于心,才能避免交通事故悲剧的发生。我们要将交通安全知识从课堂教学延伸到课外,让幼儿学会在生活中运用、实践。因此,建议教师和家长带幼儿外出时结合已学的微课,在真实的乘车环境中体验学习,巩固乘车安全知识。

小阿力上学记

宁海县中心幼儿园　冯蒙蒙

一、适用对象

大班幼儿

二、活动背景

孩子从幼儿园进入小学，是他们成长过程中的一个重要转折点，无论是学习还是生活都会变得截然不同。面临这样的转变，爸爸、妈妈、老师等周围所有的人都在为孩子做着充分的准备，孩子在老师和家长的不断"鼓励"和"暗示"下，似乎也觉得自己真的成为小学生了。可是成人是否能真正走进孩子的心灵深处去关注孩子的想法呢？新的环境、新的同伴、新的学习方式，面对如此多的未知数，孩子心里存有担忧是很正常的。我们能做的，就是要帮助孩子准备好如何在新的环境里减少负面情绪并积极适应变化。

本微课具有生活性、实用性的效应，借助绘本故事，有效地帮助家长和孩子解决他们对上小学的忧虑。本微课不受场地和时间限制，当孩子处于幼小衔接阶段时，教师和家长都可以运用本微课进行幼小衔接的教育，及时梳理幼儿的焦虑情绪。

三、活动目标

1. 充分表达自己对上小学的种种担忧，尝试用仔细观察、认真倾听、大胆讲述等方法解决生活、学习上的困难。

2. 对上小学产生积极快乐的情绪，喜欢并乐意上小学。

四、活动过程

(一)绘本导入,了解上小学的担忧

有一个小朋友叫小阿力,马上就要上小学了,心里可开心了。他因什么事情而开心呢?

原来上小学有这么多开心的事情,可是他还有一点担忧。他担忧什么呢?(倾听小阿力担忧的录音)

小阿力有哪些担忧?

每张桌子上都有一张小阿力担忧的图片。五个小朋友为一组,帮助小阿力解决他的担忧,稍后请代表上来发言。(幼儿分组操作)

(二)交流汇总,分享解决担忧的方法

谁来介绍一下你们的解决方法。

找不到厕所该怎么办?(教师操作图谱)

通过用眼睛找标志,用嘴巴向别人询问的方法就能找到厕所。

做作业有什么好办法?(教师操作图谱)

只要在上课的时候认真听老师讲课,大胆地提问,就能够学到本领,把很难的作业都完成。

小阿力听到了这么多好方法,可开心了,再也不用为上小学的事情烦恼了。

 看标志

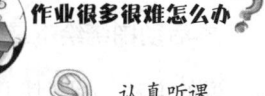 问别人

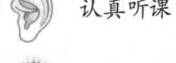 认真听课

 仔细地看

大胆提问

（三）闯关游戏，体验眼睛、耳朵、嘴巴的重要性

游戏一：比眼力。

这张神奇的图画里藏着很多小秘密。谁发现了它的秘密？

你们是怎么找出来的？

了不起，用你们的小眼睛仔细地观察，发现了这么多的秘密。你们现在心情怎么样？

原来只要我们用眼睛仔细地观察，就能发现生活中的秘密，获得快乐。

游戏二：听声音。

下面我们来玩一个考验听力的游戏！

你听到了几种声音，有哪些声音？

你们是怎么听对的呀？

原来只要我们用耳朵仔细地倾听，就能听到许多美妙动听的音乐，就能得到快乐。

（四）快乐寄语

现在你们变得更能干了，已经为上小学做好充分的准备了。

让我们来听一听小学老师对我们有怎样的期望？（倾听小学老师的录音）

五、设计特色

1. 选材切合幼儿生活。

对于马上要上小学的孩子来说，肯定会有种种的担忧和不安。本活动能帮助孩子提前认识到小学的美好，掌握自己去解决生活中遇到的困难的方法。

2. 绘本巧做情感脉络。

本活动围绕绘本展开，以小阿力的经历引起孩子们的共鸣，并在体验活动中掌握看、听、说的方法，消除其上小学的担忧，让幼儿明白只要学会这些方法就能解决困难，就能得到快乐。

3. 游戏体验趣味多多。

活动中"比眼力"和"听声音"两个游戏，让孩子们在游戏中看一看、听一听、说一说，体验到用眼睛仔细看、用耳朵认真听的重要性，并在游戏中体验到了快乐和成功的喜悦。

六、应用建议

　　本微课反映了"生活即学习"的宗旨,适用于教师教学、学生自学等。通过微课,可以有效地让幼儿充分表达"上小学的担忧",进行情感上的共鸣,从而探讨解决担忧的好办法,即用眼睛仔细地观察,用耳朵认真地倾听,用嘴巴大胆地询问。建议在学习微课前,教师能够先了解本班孩子真实的情感问题,从而更加有针对性地解决孩子的情感需求。

米饭从哪里来

宁波市鄞州区外国语小学附属幼儿园 徐晓蓉

一、适用对象

中班幼儿

二、活动背景

米饭,是中国人日常饮食中的主角,而我们南方人更是把米饭作为主食。一碗米饭,与五味调配,几乎可以供给全身所需营养。但随着现代社会人们生活水平的提高,日常饮食越来越丰富,米饭不再成为饭桌上的主角。受到家长的养育观念影响,幼儿进餐时也会随意剩饭、倒饭,不懂得珍惜粮食。《3~6岁儿童学习与发展指南》中指出,要引导孩子养成良好的饮食习惯:不偏食挑食,爱惜粮食,让节约内化为幼儿自觉的习惯。

因此,我们需要让孩子们知道米饭的形成过程,了解米饭的来之不易。除了通过微课教学,我们还在幼儿园种植园地开辟了水稻田,结合南方地区的气候特征,在夏季种水稻,秋季收割;冬季种小麦,夏季收割。让孩子们根据自然的节奏了解粮食的生长过程,通过观察,了解粮食生长变化的经历,知道水稻成为餐桌上的米饭来之不易,需要珍惜。

三、活动目标

1. 了解水稻的生长环境和生长过程,知道水稻变成米饭需要经历的过程。丰富幼儿对粮食作物的认识。

2. 了解农民伯伯在水稻生长和收割过程中付出的劳动,知道米饭来之不易。懂得爱惜粮食,不随便浪费。

3. 知道米饭与人们健康成长的关系,愿意养成节约的习惯。

四、活动过程

(一)画面1

1. 用孩子浪费米饭的图片引出主题。

2. 小米粒哭泣出场。

小米粒:别看我不起眼,你们知道我是从哪里来的吗?你们知道我经历了怎样的千辛万苦吗?

(二)画面2

视频播放:水稻的生长过程。

1. 水稻的生长过程:翻土育苗 — 间隔有序插秧 — 施肥拔草 — 拔节孕穗 — 抽穗开花 — 收割水稻。

2. 农民伯伯收割水稻、晒谷、碾米的过程。

(三)画面3

1. 小米粒:小朋友,现在你知道我从哪里来的了吧?那你们该怎么做呢?

2. 看看这些小朋友的行为,你觉得他们做得对吗?

(四)画面4

1. 用动画、儿歌的形式,引导幼儿再次认识、整理和记忆米饭从哪里来的过程。

小米粒:喷香的米饭哪里来?白白的大米煮出来;

白白的大米哪里来?金黄的稻谷碾出来,

金黄的稻谷哪里来?农民伯伯种出来;

一粒大米一滴汗,爱惜粮食理应该!

2. 小结:米饭来之不易,我们都要爱惜粮食!

五、设计特色

1.本微课的选材来源于幼儿生活，基于生活即课程的理念，针对幼儿成长过程中存在的问题，以及问题背后的原因。微课从幼儿最熟悉但又最容易忽视的传统粮食"米饭"入手，引导幼儿学习。

2.本微课以小米粒动画贯穿，引起幼儿的兴趣，用浅显易懂的童趣语言引导幼儿理解。将对米饭的认知、情感等发展目标以直观的形式让幼儿自己发现、了解，并愿意认同和接受。

3.在幼儿初步认识到米饭来之不易的基础上，让幼儿通过亲手体验种植，知道自然四季的更替，知道一切生物生长发育的基本条件，知道四季气候变化表现出的春温、夏热、秋凉、冬寒与自然界形成的春生、夏长、秋收、冬藏是相对应的。在不同季节的循环观察、劳动、采摘中，让幼儿体验并感受自然界与人类生生不息的生存关系，懂得尊重自然、热爱自然。

慈城年糕

宁波市倡棋幼儿园　朱幼芬　朱六妹　胡茵茵

一、适用对象

大班幼儿

二、活动背景

慈城作为中国的年糕之乡,制作、生产的年糕早已闻名天下。慈城年糕是家乡文化、经济的缩影,也是幼儿园乡土课程构建中一个绝佳的活教材。为此,我们从幼儿年龄特点出发,通过开展看、说、做、尝等活动,引领孩子走进年糕,走进生活,获得经验,并更好地激发他们热爱家乡的情感。

三、活动目标

1. 对年糕的制作和不同吃法感兴趣,初步获得有关年糕是如何制作的感性经验。
2. 知道慈城年糕享誉世界,作为家乡人产生自豪感。

四、活动过程

(一)年糕贺新年 —— 了解宁波人的过年风俗与年糕饱含的美好寓意

画面1:大红灯笼门前挂,一家老小聚一堂。放鞭炮,挂灯笼,大人们正热火朝天地打着年糕。一家人围在桌前吃年夜饭,桌上放着年糕汤。整个画面呈现出一派其乐融融、热闹欢庆的景象。

师："十二月忙年夜到，挨家挨户做年糕。"正月到，放鞭炮，以前每逢过年，宁波人还要张罗着做年糕呢。做年糕的时候，年味特浓，也特别热闹。最忙碌的要数孩子们了，他们会拿火热的、刚打出的年糕，请师傅捏各种动物。吃年糕还寄寓着人们美好的愿望，按当地人们的说法：吃过除夕汤年糕，生活就会年年高。

画面2：一群活泼可爱的幼儿园小朋友，正朝着"慈城年糕厂"方向走去……

师：那么好吃的年糕，是怎么制作出来的呢？让我们一起去年糕厂看一看吧！

(二) 年糕精制作 —— 了解年糕选料及制作工艺

画面3：工作人员选米、浸米。

师：这是在干什么呢？这是在选做年糕的米呢，筛一筛，选出小石子和不好的米，再把米淘干净，然后放在水里浸泡7~10天。

画面4：展示石磨，幼儿磨米粉、蒸粉、打粉、做年糕，再切换到机器流水线磨粉做年糕。

师：这是什么？把之前浸好的米用石磨磨成粉。

幼：让我来试试。磨米粉是不是很累啊。把磨好的米粉蒸熟了，还要打年糕呢。为什么要打年糕？打一打，做出来的年糕才又滑又糯又好吃啊。以前，人们就是这样来磨米粉、打年糕的，很辛苦，也很慢。现在我们有机器啦，多快啊，工人叔叔真了不起。

画面5：蒸好的米粉被放进机器，经过揉压、刀切、塑形几道工序，最后成了一条条成品年糕。

师：蒸好的米粉经过揉压、刀切、塑形、包装，最后就成了我们买到的年糕。小朋友，现在你知道年糕是怎么制作出来的了吗？

(三) 年糕巧烹饪 —— 了解年糕不同的花色吃法

画面6：拍摄年糕的不同吃法，小朋友们品尝年糕，还有的小朋友自己裹年糕团吃。

师：宁波人有很多种年糕的吃法，青菜肉丝年糕汤、螃蟹炒年糕、大头菜烤年糕、油炸年糕条、桂花糖年糕，当然，还有小朋友最喜欢的年糕团，趁热裹上好吃的馅，光看看就让人直流口水了。

（四）玩年糕

画面7：幼儿用热的年糕进行塑形，用年糕片进行拼盘。

师：年糕不仅好吃，还很好玩呢。我们可以用年糕和番茄进行年糕拼盘，瞧，我的拼盘漂亮吗？

（五）年糕美名扬 —— 宣传家乡年糕

画面8：镜头切换到慈城年糕文化节上的热闹场面，中外游客都在吃年糕。

师：慈城的年糕不仅我们喜欢，连外国人也喜欢吃呢，你是不是也特别想尝尝？那就不要犹豫，赶快行动起来吧！

五、设计特色

1. 巧设活动环节，关注参与体验。

活动设计巧妙，做年糕、玩年糕、吃年糕，脉络清晰，层层递进，让孩子们在参与体验的过程中，萌发对家乡特色食品的喜爱之情，爱乡之情油然升起。

2. 营造轻松氛围，倡导快乐学习。

本微课始终以幼儿直接参与的活动为主要教学形式。活动中，幼儿打开了触觉、视觉、听觉各种感觉通道，有观察，也有体验，有认识，也有感悟。将课堂教学转化成一种快乐、积极、有意义的生活，促使幼儿在这种生活中体验、感悟家乡的传统美食文化。

小小值日生

宁波经济技术开发区幼儿园　李丹凤

一、适用对象

中班幼儿

二、活动背景

当前幼儿中大多数都是独生子女，他们往往是家庭的中心，受到的宠溺多，而自理能力弱，劳动机会更是少之又少。教育家陈鹤琴先生说："凡是孩子自己能做的事，让他自己去做。"因此，幼儿园普遍都会在大班开展值日这项活动。

值日活动能有效帮助孩子树立自信，培养良好的劳动习惯，增强集体意识及动手实践能力，让孩子在生活中得到学习和发展，并萌发为他人服务的自豪感。但值日生究竟需要做些什么？什么时间需要完成什么任务？这些任务该如何完成？这些细节都是教师在组织这项活动之前带领孩子要突破的问题。因此，本活动的核心价值就在于让孩子"用体验感受快乐值日，用分享拓展认知经验"。

三、活动目标

1. 初步了解值日生在什么时间需要做什么事情。
2. 萌发做值日生的自豪之情，为今后的值日活动做铺垫。

四、活动过程

【活动准备】

1. 值日生牌子6个。

2. 大班哥哥姐姐做值日的视频。

3. 表示时间的图片3张（晨间来园、学习本领、吃中餐）；小图片6张（给植物浇水、给金鱼换水、铺桌布、放学习用品、分碗筷、擦桌子）。

4. 值日体验所属的材料和工具。

（一）出示标志，引发课题

小朋友，你们见过这个牌子吗？（出示值日生牌子）

那你知道值日生都需要做哪些事情吗？

（二）观摩视频，了解内容

刚才小朋友都说了很多值日生需要做的事情，那我们一起来看看大班哥哥姐姐做值日生时都做了哪些事情？（播放视频）

值日生都做了什么呢？这些事情都是在什么时候做的呢？（根据孩子的回答，出示相应的表示时间的图片）

原来值日生在不同的时间需要做不同的事情。

（三）图片分类，感知时间

老师在每个小朋友的书袋里放了一张小图片，图片上画的就是值日生要做的事情。请小朋友拿出来看看，看得懂吗？（孩子进行图片分类。）

值日生要在早上来幼儿园的时候照顾自然角，要在学习本领的时候铺桌布、放学习用品，还要在吃中饭之前擦桌子、分碗筷。

（四）亲身体验，升华情感

那你们有没有发现哥哥姐姐是怎么在做这些事情的？是的，值日生做事情一定要很认真、很仔细。

那你们能完成这些任务吗？（教师帮助孩子佩戴值日生牌子）

现在每个小朋友都是一名小小值日生，老师也已经帮你们准备好了任务中所需的所有材料。（介绍材料的位置及主要任务：给植物浇水、给金鱼换水、铺桌布、放学习用品、分碗筷、擦桌子）

刚才你都做了哪些事情？你感觉怎么样？

值日生能够为班级做很多事情，是一件很值得骄傲和高兴的事情，老师相信你们以后一定能够成为一名很棒的值日生，加油！

课间十分钟我安排

宁波市北仑区柴桥幼儿园　孙　娇

一、适用对象

大班幼儿

二、活动背景

课间十分钟是孩子们休息、放松的时间,可以缓解他们疲劳的视觉、听觉。从小学的调查发现,科学地安排一个文明、安全、快乐、有意义的课间,养成良好的课间习惯能使孩子以良好的状态投入到下一节课的学习中。随着主题活动"我要上小学了"的开展,大班幼儿对小学生活充满了向往。"课间十分钟"这一内容不仅是幼儿非常感兴趣的话题,同时也是他们即将上小学面临的一个比较难把握的问题。本活动让他们在较为真实的情境中亲自感受、体验,了解时间的长短,了解时间和活动的关系,了解时间对合理安排活动的重要意义,这是幼小衔接过程中必不可少的内容。

三、活动目标

1. 了解小学生的课间活动内容,尝试合理安排自己的课间活动。
2. 大胆表述自己的想法,萌发对小学生活的向往,渴望成为一名小学生。

四、活动过程

【活动准备】

1. 物质准备：视频、图片、调查表、记录纸、笔。

2. 经验准备：调查了解小学生的课间十分钟。

(一)参观调查，了解课间活动现象

1. 小朋友们，我们已经到了大班下学期，再过几个月，我们就要成为一名光荣的小学生啦！小学生在每节课下课后有课间休息时间，那大家知道课间休息时间有多长吗？

2. 你们知道小学的课间活动和幼儿园的课间活动有什么不同吗？

(二)巧妙分类，厘清课间活动内容

1. 观看视频《课间十分钟》。

小学生下课后在干什么？（根据幼儿的回答出示相应的图片，并将相关图片分为学习准备、生活准备、游戏放松三类）

2. 厘清课间活动内容。

(1)学习准备。

为什么下课后要准备书本、看书预习呢？

原来，我们在课间休息时要为下一节课做好充分的学习准备。（出示"学习准备"字条）

(2)生活准备。

为什么下课时要做好喝水、如厕这些事情呢？

上课时做这些事情会影响老师、小朋友上课，所以我们要在课间做好必要的生活准备。（出示"生活准备"字条）

(3)游戏放松。

这些都是我们大家喜欢的，适合在课间十分钟活动的游戏，可以让我们的眼睛休息，身体放松，和好朋友更亲密。（出示"游戏放松"字条）

（三）问题设疑，明确课间活动主次

课间活动只有十分钟，这么多的活动你都能完成吗？那我们要怎么安排？

课间休息时，我们要把重要的事情放在最前面，例如准备下节课的课本、喝水、如厕等，如果还有时间，你可以选择一些你喜欢的游戏和好朋友一起玩。

（四）计划实施，获得课间活动经验

1. 安排、记录。

（1）刚才，我们了解了小学生课间活动的安排，现在也请你们来做时间的小主人，安排一下属于你自己的课间十分钟。

（2）引导幼儿用简单的图画和符号记录课间十分钟要做的事。

2. 交流、讨论。

谁愿意来介绍一下你的课间十分钟安排，并说说为什么这么安排？

3. 实施、调整。

我们的安排到底合不合理呢？从今天开始，我们可以体验一下自己的安排，如果觉得不合理或是有新的想法可以重新调整。

周末我做主

宁波市北仑区实验幼儿园　陈瑜露

一、适用对象

大班幼儿

二、活动背景

在幼儿期,生活的过程就是学习的过程,幼儿的学习在其日常活动中自然地发生着,并持续地进行着。正如《3~6岁儿童学习与发展指南》所述:"幼儿的学习是以直接经验为基础,在游戏和日常生活中进行的。"回顾幼儿的自主活动安排现状,在幼儿园里,基本都是由教师安排,在家里则由家长"代劳"。幼儿对于自主合理安排活动的思考和经验非常有限。本活动指向的是合理安排周末的自主时间,通过操作、讨论和三个秘诀的读取,引导幼儿更多地关注自主活动安排的合理性:重要事情先排好,一件一件有序来;健康合理巧安排,贪玩贪睡要不得;每分每秒不浪费,学做时间小主人。

三、活动目标

1.通过操作、讨论、分享等途径,初步掌握合理安排时间的方法,尝试合理有序地安排周末的两小时活动时间。

2.在活动中,乐意与他人分享自己的想法,并能表述自己对时间安排合理性的观点。

四、活动过程

【活动准备】

时间券和操作卡人手一份、笔。

(一)情境引题,明确"自主安排周末两小时"的任务

妈妈不在家,孩子来当家。如果让你自己安排周末上午两个小时的活动,你会怎么安排?

(二)初次尝试,选择自主活动的内容

1. 读取时间券上的信息,进一步明确任务。

(1)大家刚刚讲了许多安排时间的好主意,老师也想了一些。请小朋友把面前的时间券翻过来,看看有哪些内容。

(2)老师为每一位小朋友准备了一套缩小版的时间券,还准备了一张操作卡。两小时的时间有限,我们选择其中4张时间券插进操作卡里。

2. 幼儿根据自己的思考,自主操作时间券。

(三)在讨论分享中了解时间安排的简单方法

1. 分享各自的周末活动安排表。

(1)你选了哪4件事情,为什么要这样安排?

(2)这是你喜欢做的事情。还有谁有不一样的安排?

2. 对比观察,探讨哪些是必须做的(秘诀一)。

她选的是不是很有道理?起床、穿衣、吃饭当然要做啦。但是排法有没有问题?请你来排一排。

重要事情先排好,一件一件有序来。

3. 查找安排不合理的时间券(秘诀二)。

这几张都选了起床吃饭,那么这样排是不是最合理的?有没有问题?

刚刚小朋友说得很对,在安排活动的时候不仅要合理,还要健康,不能长时间看电视、玩手机。

(四)修正周末活动安排表

1. 经过讨论,大家一定有了更好的安排,再试一试,让你的安排更加合理。

2. 幼儿调整插卡。

(五)珍惜时间,做更多喜欢的事(秘诀三)

1. 集体查看第二次操作结果,发现活动安排的多样性。

2. 我还想做更多喜欢的事,怎么办呢?

3. 原来起床、洗漱、吃饭的时候抓紧时间,动作快一点就能省出更多的时间,做更多我们喜欢做的事情了。

(六)延伸,记录还想做的事情

阿拉闹咸齑

宁波市鄞州区邱隘镇中心幼儿园　谢　元　大班教研组

一、适用对象

大班幼儿

二、活动背景

邱隘的特产——咸齑,已经走进了千家万户,成为宁波人餐桌上的主角。它用雪里蕻腌制而成,色泽黄亮,有香、嫩、鲜、微酸等特点,让人生津开胃,深受人们的喜爱,现已进入国际市场。作为宁波邱隘的下一代,我们感到自豪和骄傲。本活动旨在让孩子了解腌制咸齑的全过程,学习传统人工脚踏式腌制咸齑的技艺,并在劳动的同时,萌发热爱家乡的美好情感。

三、活动目标

1. 了解雪里蕻的生长过程,学习传统人工脚踏式腌制咸齑的技艺。
2. 感受劳动的成功和喜悦,萌发热爱家乡的美好情感。

四、活动过程

(一)认识了解雪里蕻,收割搬运雪里蕻

1. 看一看,搬一搬。

看收割雪里蕻的情景,和农民伯伯一起搬运。

2. 听一听,赏一赏。

看农民伯伯现场讲解有关雪里蕻的知识及雪里蕻腌制的方法。

(二)师傅示范讲解,学习腌制技艺

● 每个孩子穿上干净的雨靴,准备好一个小缸、一堆雪里蕻、一碗盐。

● 老师傅讲解、示范腌制咸齑的全过程:

1. 第一步(缸底撒盐)。

幼儿先抓一小把盐,均匀地撒在缸底,直到盐平铺满缸底为止。

2. 第二步(叠菜技巧)。

叠菜时,把雪里蕻的根朝下从四周往中间分批叠放,叠放厚薄均匀、紧密,如果菜叶太长了,可以折起来往缸边放。

3. 第三步(用力踩菜)。

踩菜时,脚后跟用力,沿着缸边转圈踩,每个地方都要踩结实。

4. 第四步(一层菜,一层盐)。

放一层菜加一层盐,每层盐都要撒均匀,一层一层加菜,直到缸满为止。每层菜要尽量踩结实,最好能踩到菜变色出卤。

5. 第五步(搬石封缸)。

最后用大石头压在踩好的菜的上面,这就叫封缸。

● 咸齑腌制好了,小朋友,你们都学会了吗?大家试试吧!

幼儿体验腌制咸齑活动,老师傅巡回指导,每一个步骤必须按要求完成。等一个月后,咸齑缸里就会飘出阵阵香味。如果腌制方法不正确,咸齑就会发臭。

（三）展示劳动成果，整理清洁

1. 展示每个孩子腌制的咸齑，体验成功的喜悦。
2. 整理自己的衣物，换好鞋，洗手。

五、设计特色

邱隘咸齑是宁波的著名特产，它主要产于宁波市鄞州区邱隘镇，那是闻名遐迩的"雪菜之乡"。有句老话说出了宁波人心中的那种情怀："三日勿吃咸齑汤，脚骨有眼酸汪汪"。咸齑以新鲜雪里蕻为原料腌制而成，是宁波的传统腌制品和特色菜肴，以鄞州邱隘产最为著名。

每年4月和11月，幼儿园都会组织大班的孩子步行到田野里去看雪里蕻、割雪里蕻，体验腌制的过程。通过亲身体验，让更多的孩子体会劳动和丰收的喜悦，了解古朴劳作模式独特的魅力。

在幼儿园的专用活动室中，我们创设了角色区：学习腌制咸齑、咸齑加工、包装咸齑、推销咸齑等社会活动。本活动充分利用本地的乡土资源，不仅让孩子体验地方特产的老底子文化韵味，也让孩子感受走进生活、了解生活、体验生活的快乐。

快乐的立夏

宁波市市级机关第二幼儿园　黄昕怡

一、适用对象

中、大班幼儿

二、活动背景

在农耕文明时代，了解二十四节气对人们的日常生活非常重要。立夏是二十四节气之一，是夏天的开始。在古代，人们非常重视立夏的习俗。直到今天，民间依然流传着各种立夏的习俗。这些习俗不但有趣，更蕴含着美好的希望。本活动旨在让小朋友们了解立夏的习俗，感受传统习俗和文化，提升对中国传统文化习俗的兴趣。

三、活动目标

1. 了解有关立夏的知识，主要了解立夏的来历、意义和习俗。
2. 学习制作立夏饭。
3. 激发对传统文化和对家乡的热爱之情。

四、活动过程

【活动准备】

人偶服饰、课件、图片、制作立夏饭的视频。

（一）情境导入，引出主题

幼：老师，今天我在路上看到很多人的脖子上挂着蛋，这是为什么啊？

师：因为今天是立夏啊。

幼：立夏是什么日子？我怎么从来都没有听说过。

师：立夏是夏天开始的日子，表示夏天来了。（夏天到来的视频）

幼：原来立夏是为了迎接夏天的到来啊。

师：是啊，在这一天，我们宁波还有很多有趣的习俗呢。

（二）立夏节的传统游戏

师：先来说说好玩的吧。立夏这一天我们会斗蛋、称重。（斗蛋、称重的图片）

幼：什么是斗蛋啊？

师：你还记得有小朋友把蛋挂在脖子上吗？（小朋友挂蛋的图片）

幼：记得。

师：在立夏节前一天，家里的大人会用彩色的毛线打一个漂亮的蛋套（打蛋套的视频、图片），然后把煮好的鸡蛋放到蛋套里，小朋友第二天带到幼儿园里，比一比谁的蛋更厉害。（斗蛋的视频）

幼：好有趣啊。

师：老师也给你准备了鸡蛋，但是玩之前，我要来考考你。蛋分两端，尖端为头，圆端为尾。分一分，哪个是头，哪个是尾。斗蛋时蛋头斗蛋头，蛋尾击蛋尾。这几张图里到底哪一种才是正确的呢？（几种不同斗蛋方法的图片）

师：答对啦！（掌声、竖大拇指）

幼：那称重又是怎么回事呢？

师：传说在立夏这一天称了体重之后，就不怕夏季炎热，不会消瘦。所以，小孩增重，爷娘高兴；老人增重，儿孙快乐。

幼：原来是这样，等一下我也要去称一称。

（三）立夏的传统食物

师：立夏除了有好玩的斗蛋游戏，还有很多好吃的传统食物呢。

幼：真的吗？有些什么，快说说。

师：软菜、脚骨笋、茶叶蛋、立夏饭。（出示图片）

幼：啊，我还以为是什么好吃的呢，就这些啊。

师：你可别小看这些东西，都是有寓意的。（立夏传统食物视频）

幼：原来是这样。老师，刚才的立夏饭是用什么做的呀，看起来好好吃呀。

师：你猜猜看。（出示图片，挑出正确的答案）

幼：我刚刚看到了蚕豆、糯米，还有咸肉。（说对的在图片上打钩附以掌声）

师：选对了材料，我们现在就来学着做一做吧。（学做立夏饭的视频）

（四）回顾立夏习俗

师：刚才介绍了这么多，你还记得吗？

幼：有称重、斗蛋，还有吃脚骨笋、茶叶蛋、软菜和立夏饭对不对？（出示图片）

师：太棒了，你都记得！（掌声，竖大拇指）可是，立夏的习俗可不止这些。

幼：啊，还有啊？

师：当然啦。每个地方都有不同的风俗习惯，我们刚才只介绍了宁波的习俗。比如福建人在立夏要吃光饼，苏州有"立夏见三新"的说法。常熟人要吃"九荤十三素"。如果你有兴趣，一会儿还可以去找一找中国其他地方有什么不一样的风俗。

幼：太神奇了，我还以为其他地方也和我们的习俗一样呢。老师，说了那么多，我们现在可以去玩斗蛋了吗？

师：可以啊，走吧。

（五）活动延伸

1. 找一找不同的地方在立夏时有哪些不同的风俗习惯。

2. 了解其他节气的风俗习惯。

五、设计特色

1. 问答推进。

活动一开始，小朋友的问题引出了今天的内容——立夏。接着通过一个个的问题层层深入，让小朋友更全面地了解立夏。

2. 游戏互动。

微课中设计了多种游戏，方便与屏幕前的小朋友互动，让他们一起来猜一猜，选一选，学一学，并在游戏中体验成功的喜悦。

3. 角色引入。

活动中老师和幼儿的角色由人偶表演完成，插入的视频由老师和幼儿表演完成，给小朋友们更真实的感觉，引起他们的共鸣。

我和地铁有个约会

宁波市实验幼儿园闲庭园区　沈菁瑶

一、适用对象

大班幼儿

二、活动背景

地铁1号线、2号线相继开通与运营，给宁波市民的生活带来了便利与快捷。地铁作为新型交通工具，幼儿对它也充满了好奇，但由于孩子们缺乏正确乘坐地铁的经验，安全隐患也随之而来。本微课的内容取材于幼儿生活实际，通过情境演示、认知判断、互动讲授、亲历体验等策略，让幼儿了解乘坐地铁的相关内容，获取安全乘坐地铁的经验。

三、活动目标

1. 了解正确乘坐地铁的方法，遵守乘地铁的相应规则。
2. 判断乘坐地铁的相关行为，懂得在生活中安全乘坐的重要性。

四、活动过程

【活动准备】

1. 物质准备：宁波地铁站人员联系，活动场地考察，地铁乘务人员接洽，梳理安全知识的课件。

2. 经验准备：幼儿有过乘坐地铁的相关经验。

(一)前言导入 —— 有了地铁真方便

小朋友们，你们坐过地铁吗？自从宁波地铁开通后，地铁真的给我们的生活带来了很多便利！你们一定也很喜欢乘坐地铁吧！

但如果在乘坐地铁时不注意安全，就会发生一些危险的事情。那我们要怎样正确地乘坐地铁，如何在地铁出行时保护自己的安全呢？

(二)谈话体验 —— 我是小小侦查员

让我们做一回小小侦查员，一起来看看视频中的小朋友有没有正确地乘坐地铁，哪些地方做得不合适呢？

(播放幼儿初次乘坐地铁的视频，在错误之处强调，并进行解说)

(三)梳理提升 —— 小朋友们来爆料

除了刚才小侦查员们的发现，我们还有位小朋友知道许多乘坐地铁时需要注意的地方，我们一起听她来说说看。

(播放课件，用幼儿的口吻对图片进行梳理。将乘坐地铁时的不安全行为分为乘客进站前、通过闸机时、等候地铁时、列车运行中、列车到站时、乘客上下车六大方面进行介绍)

乘客进站前：(1)小朋友们一定要在爸爸妈妈的陪同下乘坐地铁；(2)一些有毒、有腐蚀性、放射性的危险物品不可以带入地铁；(3)搭乘自动扶梯时请紧握爸爸妈妈的手，并靠右站立。

通过闸机时：(1)刷卡时需站在闸机通道的黄线外侧；(2)请靠右侧刷卡。

等候地铁时：(1)请在安全黄线内排队候车；(2)在候车区要安静有序，乱跑乱跳容易引发安全事故；(3)在候车区里吃零食，是不文明的行为；(4)要在指定的箭头区域候车，不要插队；(5)列车到站时遵循先下后上以及中间下两边上的原则。

列车运行中：(1)倚靠及触摸车门会带来危险；(2)在车厢里保持安静，争吵奔跑容易发生事故；(3)站立或者横躺在车厢的座位上是不文明也是不安全的行为。

列车到站时：(1)提示警铃鸣响前请不要强行下车；(2)车门开启时请勿触摸屏蔽门。

乘客上下车：请注意列车与站台间的间隙。

（四）讲解巩固——乘务员叔叔帮帮忙

让我们请地铁站里的乘务员叔叔，为大家仔细讲解一下正确乘坐地铁的方法吧！

（邀请地铁工作人员，通过媒体演示及乘务员叔叔讲解双视频窗口的模式，进一步了解正确乘坐地铁的方式，巩固安全乘坐地铁的相关知识）

（五）提炼总结——我会正确乘地铁

学了这么多，孩子们也有许多收获呢，这一次，他们可棒多了！你们看——

（播放幼儿第二次体验乘坐地铁的片段，感受梳理前后幼儿行为的变化，并且再做一次正误的判断）

小朋友们，你们知道怎样正确乘坐地铁了吗？在生活中和爸爸妈妈一起坐地铁的时候，也要告诉他们哟！

五、设计特色

1. 注重课程生活化。

本微课针对"幼儿缺乏对正确乘坐地铁方法的了解"这一现象，将教学迁移至社会实践中，让幼儿在实践体验中增进对地铁的了解，使短小的微课富有社会化、生活化、实践化的特点。

2. 注重学习多元化。

微课中，通过判断、提问、讲解、提升等环节，用多种学习策略增进幼儿对正确乘坐地铁方法的了解，增强其安全意识，注重培养其自我保护能力。

欢迎来我家

宁波市海曙区竹福园幼儿园　胡　莹

一、适用对象

中班幼儿

二、活动背景

步入中班的幼儿正处于独立性萌发的阶段,他们产生了"小主人"的意识,对"家"的认识也更加立体了。本活动既帮助幼儿进一步认识与了解自己和其他小朋友的家,也帮助他们逐步积累主动与他人交往的经验,了解待客与做客礼仪,学习如何"当主人""做客人"。

小主人润润虽然上中班了,可还是有比较明显的入园情绪,为此他妈妈也一筹莫展。针对这一情况,老师与妈妈促成了这次小朋友去润润家里做客的实践活动,使润润体会到同伴的友谊、老师的关爱、集体的温暖,激发他对幼儿园的向往。

三、活动目标

1. 与同伴商讨,尝试一起设计"做客活动"的方案,积极参与实践活动。
2. 在实践中积累做小客人、小主人的经验,体验同伴间交往的快乐。

四、活动过程

【活动准备】

1. 物质准备:小客人每人提前准备好一份"伴手礼"。

2. 经验准备：事先联系好润润一家，约好做客时间。

（一）商讨准备

1. 最近谁没来？润润邀请小朋友们去他家做客，你们想去吗？

2. 讨论：去小朋友家里做客，我们应该怎么做？

3. 怎样才能找到小朋友的家？

认识地址："中山家园"是小区的名字；"38号"代表一栋房子；"201室"是门牌号。

4. 幼儿带好伴手礼，排队出发。

（二）实践活动

1. 找住址。

根据号码牌，确认小区名称、楼房号码、门牌号等，找到润润的家。

2. 做客礼仪。

按门铃，轻轻等候→问好，作自我介绍→礼貌参观小朋友的家→送礼物、送祝福。

3. 待客礼仪。

热情介绍自己的家→润润和妈妈一起给小朋友和老师分享水果、零食→与小伙伴亲密互动。

4. 才艺表演。

小客人与小主人都表演了事先准备好的节目，氛围融洽。

5. 温馨谈话。

"润润，你为什么不来上幼儿园？"

"谁来帮帮润润？"

"你们想不想润润早点来上幼儿园？"

"想，润润你快来上幼儿园吧……"

6. 邀请做客。

今天我们来到润润家做客，你们愿不愿意邀请我们去你家做客呢？

学习邀请语："欢迎来我家做客！"

（三）安抚告别

1. 再次安抚润润情绪，鼓励其上幼儿园。

2. 润润赠小礼物，随妈妈到楼下送别。

3. 孩子们手拿气球，与润润和阿姨互道再见。

五、设计特色

1. 生活即教育。把主题活动搬到生活中，充分体现了幼儿的主体性，活动的生活化。实践课程能更好地让幼儿学习交往礼仪，从而促进同伴间的情感及社会性发展。

2. 活动背景有针对性、实用性。活动启发于班内真实案例，帮助润润缓解入园焦虑。通过做客，也激发了孩子想当"小主人"的欲望，培养了他们热情好客的品质。

附图片：

做客前谈话	认识住址	出发啦，找住址
小朋友给润润送礼物，慰问小主人	小主人招待小客人	才艺表演
与小主人谈心	与小主人谈心	告别，再见！

城市立交桥

宁波市江北区甬江街道中心幼儿园　徐伟萍　石晶晶　胡帼华

一、适用对象

大班幼儿

二、活动背景

立交桥作为现代城市道路交通的重要标志建筑，它可以让汽车畅通无阻地通过一个个路口，不仅上下分层、互不干扰而且还可以多方向行驶，是极具特色的现代化陆地桥。现在城市立交桥也逐渐走进孩子的生活，为幼儿所熟知，孩子们对立交桥的建构产生了浓厚的兴趣。根据孩子们的兴趣点，"城市立交桥"的主题建构游戏由此产生。

在"城市立交桥"主题建构游戏中，教师要做的就是丰富和拓展幼儿对不同造型、不同层数立交桥的感知经验，为幼儿提供丰富、适宜的建构材料。在游戏过程中以"扮演角色"的形式，用角色的语言给幼儿暗示和启发，引导幼儿运用架空连接的技能搭建简单立交桥。在此经验基础上，再采用穿过、转向等搭建技巧，搭建出多层立体交叉的桥。在提高孩子搭建水平的同时，帮助他们进一步体会立交桥给人们生活带来的便捷，同时使幼儿在协商、谦让、轮流的游戏氛围中，学会分享与合作，尝试开拓与创新，体验成功与快乐！

三、活动目标

1. 感受不同的立交桥,体会立交桥给人们生活带来的便利。

2. 尝试运用架空、叠高、平铺等组合方式搭建多种立交桥,体验合作的快乐和成功的喜悦。

四、活动过程

【活动准备】

1. 物质准备:长方形、正方形、三角形、半圆形、圆柱形等木质积木;小汽车模型若干、雪花片、废旧材料等物品;立交桥图示、图片。

2. 经验准备:已有平铺、叠高、架空三种建构技能。

(一)休闲漫步 —— 欣赏城市中的立交桥

1. 观看视频,欣赏城市中的立交桥。

(1)出现吉祥物"甬甬"和"优优"。

配音:小朋友们,你们好,很高兴见到你们,还认识我们吗?我是甬甬,我是优优!

(2)观看视频。

配音:今天我要带你们去参观我们的城市 —— 宁波,一起出发吧!

画外音:美丽的城市夜景中,灯火通明,一座座立交桥,层层叠叠、弯弯曲曲、错落有致……

2. 简单梳理,初步感受立交桥的基本形态。

(1)优优提问,梳理经验。

优优:你看到了什么?你看到的立交桥是怎么样的?立交桥有什么作用?

(2)简单小结,初步感受。

师:聪明的桥梁建造师在城市的马路上建造了立交桥,立交桥和普通的桥可不同,不仅上下分层、互不干扰,而且还可以多方向行驶,是本领多多的陆地桥,可以让我们城市的交通更加通畅,不拥堵。

（二）观察感知——了解立交桥的建构技巧

1. 出示建构作品，回忆建构技能。

（1）出示三种方法的建构作品，启发幼儿回顾建构技能。

（2）师：原来我们运用了平铺、叠高、架空三种建构方法就可以搭建出各种各样的桥。

2. 出示"立交桥"图示，感受架空方法。

（1）幼儿观看图示，运用已有经验讲述架空方法。

（2）师："架空"是我们搭建立交桥最常用到的方法。架空的方法有很多，有基本架空、架空穿过、转向架空（如右图）。

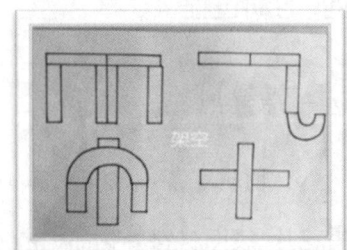

（三）创意建构——感受立交桥的丰富多彩

1. 初次搭建简易立交桥。

（1）出示"单一式立交桥"和"简易式立交桥"图示，幼儿自由选择搭建。

（2）现场照片呈现幼儿作品，师幼共同点评。

（运用架空的方法，搭建出了立交桥中最简单的单一立交桥，还有十字形立体交叉、Y形立体交叉和T形立体交叉的简易式立交桥）

2. 尝试搭建互通式立交桥及其基本建构方法。

（1）师：我们刚才搭的立交桥都只有一层，小汽车稳稳地从桥上开过！车子越来越多啦，怎么办呢？

（2）尝试搭建互通式立交桥。

重点指导：用"架空穿过"和"转向架空"的方法搭建。在单一式立交桥的基础上建构互通式立交桥，不要干扰其他立交桥，当桥面会合时要想好用什么柱子才能使桥面连接平整。

（3）玩一玩汽车模型，体验成功的喜悦。

师：立交桥建好了，让我们拿着自己的汽车模型在立交桥上驰骋吧！

（四）活动拓展——多种材料的立交桥建构

1. 欣赏用雪花片、废旧材料等搭建的立交桥建构作品。

2. 师：立交桥为我们的生活提供了便利，我们也用自己的双手建构了形态各异的立交桥，除了用木质积木，我们还可利用雪花片、废旧材料等物品来建构。

宁波之情 —— 保国寺

宁波市江北区洪塘中心幼儿园　洪　蕾　翁海娜　林　萍

一、适用对象

大班幼儿

二、活动背景

本活动围绕洪塘街道的著名古迹——保国寺展开。通过以图导读,了解保国寺的来历和结构;以趣启智,了解保国寺建筑;以景促情,共爱保国寺等方式,让幼儿了解保国寺,充分激发他们作为宁波人的自豪之情,培养他们热爱家乡的情感。

三、活动目标

1. 认识保国寺,了解保国寺的来历和独特的建构特点。
2. 能大胆表述自己的参观见闻,并与同伴交流,感受作为一个宁波人的自豪感。

四、活动过程

(一)以图导读,了解保国寺来历和结构

1. 幼儿观看视频。(钟声响起,一幅幅宁波的古建筑图片在古典音乐的伴奏下播放。天一阁、阿育王寺、天童寺、郑氏十七房、前童古镇、河姆渡遗址,最后定格保国寺画面。先将保国寺正面图片放大,再从上而下分别呈现其结构,然后切换到保国寺内景)

师：保国寺位于浙江省宁波市江北区洪塘街道的灵山之麓，因其精湛绝伦的建筑工艺而闻名于世。保国寺内殿宇古老朴素，园林绿树繁花，是一个罕见的文化、生态完美交融的旅游园区，也是全国重点文物保护单位。

2. 师：你们去过保国寺吗？知道保国寺的来历吗？

3. 师：保国寺历史悠久，始建于东汉世祖时期，初名"灵山寺"，唐朝重建时改名"保国寺"。自南向北分布有天王殿、大雄宝殿、观音堂和藏经楼，两侧有钟楼和鼓楼连接其他建筑，错落有致，大殿前有放生池，池水清澈，四季不涸。

（二）以趣启智，了解保国寺建筑

1. 师：咦，这个房子怎么跟我们住的房子不一样？（出示大殿和现代建筑的图片进行对比）

2. 师：古代没有挖土机，没有吊机，这么高的房子是怎么造的呀？

3. 师：大雄宝殿为保国寺建筑的精华，大殿的主要特点是进深大于面阔，呈纵长方形，整座大殿不用一枚钉子，运用巧妙的衔接，把建筑物的各个构件固定。（出示斗拱之间的巧妙衔接和精确的榫卯技术的原理图片）

4. 师：我们的古人真聪明呀。你们知道吗？这座大殿至今一尘不染，保护得这么好，还有一个秘密。

5. 介绍为何飞鸟、昆虫们害怕进入保国寺栖息，边讲述边播放房子建构的原理图。

小鸟：因为，保国寺大殿就是通过错落有致、如鱼鳞般层层相贴的斗拱结构，形成了一个个姿态不同的"风道"。外面的空气通过"风道"，

畅通无阻,并能在大殿上产生一种回旋气流——"回旋风",一年四季一直回荡着,所以梁上不易积存灰尘,还形成了一种独特的回旋声波,类似"超声波",因此我们鸟类和昆虫类都非常害怕。除此之外,造大殿用的木头非常坚实,还会散发出一种特殊的香味,令鸟类和昆虫类都不敢接近。

(三)以景促情,共爱保国寺

1. 原来保国寺里藏着这么多的秘密呀!那我们应该怎样保护它呢?

2. 怎样让更多的人了解我们的保国寺?

3. 幼儿作画。

一个小组制作保国寺的宣传画。

一个小组制作保护保国寺的标示牌。

生活与数学

生活中的数字

余姚市工业幼儿园　陈叶桦

一、适用对象

大班幼儿

二、活动背景

数字，在生活中与孩子们息息相关，并日益显示出它无穷的力量。孩子们每天接触着出现在不同地方、发挥着不同作用的数字，有一定的经验。本活动结合《3~6岁儿童学习与发展指南》中指出的"引导幼儿感知和体会生活中很多地方都用到数，关注周围与自己生活密切相关的数的信息"，以及大班孩子的年龄特点进行设计，选取孩子生活中熟悉的事、物，以采撷生活中的数字实例为主，引导孩子感知数与物、生活的关系，积累有关数的感性经验。

三、活动目标

1. 对生活中的数字感兴趣，了解数字在生活中的运用，加深对数字意义的认识和理解。
2. 乐于参加有关数字的探索活动，发现数字的不同用途。

四、活动过程

(一)汽车上的数字

1. 今天我有一件高兴的事儿告诉大家,我买了一辆新车。瞧,谁能告诉我,车上哪些地方藏着数字呢?

2. 排列车牌号。

(1)原来仪表盘、车牌等地方都藏着数字,那你们想不想猜猜陈老师的车牌号码?它就藏在0、1、2这三个数字中。

请你把这三个数字重新组合,排列出一个车牌号,看看谁排的号码和老师的车牌号是一样的。

(2)请你把号码贴上,想一想怎么贴?(根据数字开头贴)

看着这些车牌,你发现了什么?

原来以0开头时,1和2交换位置就有不同的号码了,1开头时0和2交换位置和2开头时1和0交换位置都能得到不同的号码。看来不同的数字只要交换位置就能组合成不同的号码。在生活中,每辆汽车的车牌号码都是从0~9这10个数字中选取几个数字并进行换位、排列、组合而得的,这样每辆汽车才能顺顺利利地开到路上去。那么我的车牌号码到底是哪个呢?(揭示答案)

(二)生活中的数字

1. 102除了表示我的车牌号码外,在生活中它还会出现在什么地方?表示什么?

同样一组数字出现在不同的地方,在生活中就会表示不同的意思。

2. 这些数字还很喜欢和这些符号做朋友,你认识这些符号吗?当这些符号和102这个数字做朋友时可以表示什么?

在数字前面或后面填上一些特殊的符号,就能表示不同的意思。

3. 我买了一盒牛奶,请小朋友来帮忙看看,你看到些什么?生产日期、保质期表示什么?牛奶什么时候就不能喝了,为什么?

（三）延伸活动

这是我买的另一盒牛奶，生产日期和保质期各是什么时候？保质期中写着6个月，那表示什么？6个月以后是几月几日呢？我们在接下来的活动中继续探讨吧。

五、设计特色

本活动是以幼儿的生活为课程开发的新生长点，将幼儿的学习与他们真实的生活紧密联系在一起，突出"情景化、过程化、活动化、经验化"特点的一个尝试性活动。整个活动有以下几点特色：

1. 捕捉生活素材 —— 源于生活 —— 内容生活化。

本活动撷取了生活中的数字实例，如车牌号，让幼儿充分感受到数字给人们带来的便利。又如不同场景中的数字和与不同符号结合的数字，都是幼儿在生活中经常接触到的，通过幼儿的看和说，让他们感受到数学就在身边，生活中处处有数学。

2. 利用生活经验 —— 寓于生活 —— 探究生活化。

本活动充分借助幼儿已有的生活经验，让幼儿体会到数学的真正价值，更有利于提高孩子的数学运用意识。如排车牌活动，对3个数字进行不同组合和排列，模拟了生活中排车牌的方式。幼儿在积极的学习氛围中，知道了多个数字可以编出许多不同的号码，从而体会到数字的有趣和神奇，也感受到学习数学有着无穷的乐趣。

3. 回归生活空间 —— 用于生活 —— 实践生活化。

在数学生活化的学习过程中，把所学的知识运用到生活中是学习数学的最终目标，也是学习"有价值"数学的生动体现。活动中，利用牛奶盒上的生产日期和保质期，再现生活情景，激发幼儿自觉地应用所学知识解决生活中的相关问题，推算保质期，可让幼儿在生活实践中提高解决问题的能力。

有趣的正方体

余姚市工业幼儿园教育集团　苏宇霞

一、适用对象

大班幼儿

二、活动背景

在我们的生活中，有各种不同形状的物品，由于它们的形状不同，它们的特点也有很大的不同。在不同形状的物品中，有很多物品是正方体的。而正方体是大班年龄段的幼儿应该去认识和了解的立体图形之一，一般会通过引导其了解它的名称、特征，并根据其特征进行一些简单的如辨认、拼搭、分类、排序等操作活动。不过，大班孩子的抽象思维虽有萌芽，但还是以形象思维为主导，孩子们从平面图形拓展到立体图形这个过程中若没有以自主式的探究、操作为前提，他们对立体图形的掌握还是有难度的。基于这些特点，本活动定位于合作探究式学习，在建构中学习。

三、活动目标

1. 在活动中感受、了解正方体的基本特征，体验数学活动带来的乐趣。
2. 在操作中学习与观察、比较与合作，发展思维的灵活性。

四、活动过程

（一）认识正方体

1. 出示正方体（骰子），了解其基本形状。

这是什么？它有什么特征？

2. 在不同大小的正方体物品的每一个面上粘贴正方形纸并用笔编号。

3. 交流操作结果并验证，初步发现正方体的特点。

4. 小结：看来，不同大小的正方体，它们都有相同的特征，就是一个正方体由六个一样大小的形状为正方形的面组成。

（二）寻找正方体

1. 正方体大比拼第一关。

（1）幼儿在提供的材料中，寻找正方体。

（2）检查验证。

2. 正方体大比拼第二关。

（1）进一步寻找正方体（寻找是正方体的所有物品，把不是正方体的另外放）。

（2）交流验证（了解容易与正方体混淆的特殊的长方体）。

（三）拼搭正方体

1. 正方体大比拼第三关。

（1）小组合作拼出大正方体。

（2）搭完后用正方形的纸分别在每一个面上摆放，验证。

（3）幼儿在投影仪上操作、验证。

2. 正方体大比拼第四关。

（1）用更多的小正方体拼搭更大的正方体。

（2）用正方形的纸在正方体的每一个面上摆一摆，验证。

（3）交流并在投影仪上验证。

（四）延伸活动

进一步了解更多的拼搭正方体的方式。

1. 正方体越来越大，如果要拼一个更大的正方体，要用几个小正方体呢？
2. 小正方体可以拼出大正方体，如果用长方体拼，能不能拼出正方体呢？
3. 既有正方体，又有长方体，它们一起组合能拼出正方体吗？

五、设计特色

1. 以生活中的物品为载体，了解认识正方体。

活动中，所有提供给幼儿操作的物品都来自于生活中容易获得又是幼儿熟悉喜欢的东西，如游戏用的骰子、魔方、正方体木质小积木，以及各种区别于正方体的物品，如各种生活中常见的盒子、罐子、玩具等，这些幼儿经常接触的物品能让他们自然地融入操作学习的情境中，愿意去寻找、比较和发现。

2. 以直接体验操作活动为先，比较发现正方体。

孩子的学习是以直接经验为基础的，本活动十分重视这一点。在所有的环节中，我们都以幼儿的直接操作体验为先，让幼儿在一次次的操作中发现正方体的特征。如请幼儿自主地用一样大小的正方形纸在正方体的每一个面上粘贴、编号，从而发现一个正方体由六个一样大小的正方形围成；在比较中寻找正方体，并以小组合作的方式拼搭正方体，比较发现特殊的长方体与正方体之间的区别，运用的方法有展开立体图形、重叠比较、纸片验证等。

3. 以团队的竞争为活动桥梁，共同运用正方体。

本活动充分注重孩子们学习过程中的团队精神及团队合作能力。每个环节的递进，都以正方体大比拼来层层深入展开。如两次寻正方体物品、两次拼搭正方体，都以红、黄、蓝、绿四个组来展开，队中有一人错误这个队就不能得分。因此，每个队的成员都特别认真和负责，在操作、验证等环节都相互合作，以团队的胜利来得到真正的胜利。

储物室里的对话

宁海县实验(闻裕顺)幼儿园　陈海俏　尤洁琼

一、适用对象

中班幼儿

二、活动背景

主题区域游戏"快乐派送"是孩子们最爱玩的游戏。游戏中孩子们能够自主选择喜欢的区域、扮演不同的角色、开展丰富的交流和操作活动。尤其是在"储物室"游戏区,孩子们化身仓库管理员,有模有样地管理着货架上的"商品"。有的将仓库里的货物分类摆上货架;有的根据顾客的订单取出对应的物品;还有的在统计单上记录每一次卖出的"商品"……在一次游戏中,我听到了孩子们关于"商品数量和统计"的对话,于是以此为教学契机设计本活动,帮助幼儿解开疑惑,让幼儿在探索、统计等游戏中成为活动的主人。

三、活动目标

1. 尝试用调查、统计的方法探索"商品"变少的原因,知道统计在生活中的作用。
2. 在数学游戏中锻炼积极动脑、解决问题的能力,体验成功的喜悦。

四、活动过程

(一)储物室里的对话

(视频切入)快乐派送游戏接近尾声,储物室里的孩子们边整理边交谈着……

"咦,今天橡皮泥怎么剩下这么少了?""魔尺还有这么多?"

(二)储物室里的物品哪去了?

1. 提问:为什么储物室里的物品有的多有的少?少了的物品哪儿去了?

2. 幼儿讨论:少了的物品哪儿去了?

3. 提问:我们怎样才能知道哪些物品变少了?

4. 讨论调查方法:点数、查看物品记录表、及时报告少了的物品……

5. 柱状统计图记录幼儿调查的结果。

6. 小结:原来储物室里剩余的物品多少与顾客的选购有很大的关系。

(三)储物室物品大调查

1. 提问:有什么办法知道我们储物室里的哪些物品比较受欢迎?

2. 幼儿讨论统计方法。

3. 统计方法一:现场采访;统计方法二:查看订货单。

4. 幼儿分组调查、统计,交流统计结果。

(四)储物室改进方案

1. 提问:通过调查统计,发现了什么问题?

2. 讨论:如何改进储物室进货方式?

3. 运用改进的方法,幼儿再次实践。

4. 小结:统计的方法真有用,帮助我们了解了储物室的物品情况,让"快乐派送"更有趣。

5. 思考:生活中还有哪些地方要用到统计?有什么作用呢?

（五）延伸活动

1. 经过改进后，储物室里的物品能满足顾客的需求吗 —— 再次统计。

2. 设计统计表，并投入使用，帮助管理员及时记录情况 —— 设计活动区统计表。

3. 设计班级统计表，评选"最佳快递员"—— 同伴合作完成统计表。

五、设计特色

《幼儿园教育指导纲要》明确阐述了幼儿园数学教育的目标是"从生活和游戏中感受事物的数量关系并体验到数学的重要和有趣"。我们抓住"储物室"这个充满数学信息的游戏区，将抽象的"数学知识"与"真实情境"和"真实任务"紧密联系起来，开展丰富的数学游戏，让幼儿在生活和游戏中感受事物的数量关系，体验数学的重要和趣味。

本活动根据幼儿已经建构起来的"快乐派送"的游戏经验进行设计。所选的素材贴近幼儿生活，建立在他们已有的生活经验上，是他们感兴趣的话题。好奇心是孩子开启探究的驱动力。"为什么这些东西有的订单多有的订单少呢？"当幼儿在游戏中提出疑惑时，教师没有马上干预，而是让他们成为游戏的主人，进一步地探究，较好地保护了幼儿的好奇心与探究欲望。

活动提供充足的材料，支持幼儿进一步探究，让他们在自主、自由的学习氛围中逐步掌握统计的方法。同时关注幼儿之间的个体差异，允许幼儿以自己的方式进行验证，尊重幼儿的学习方式，使不同水平的幼儿都能在活动中有所收获。

本微课的每一个环节都以鼓励的方式，留给幼儿大胆表达自己想法的时间。如统计的方法比较抽象，本微课就利用图文结合的表现手法，让幼儿直观地了解统计的方法。为了更好地展示统计方法的多样性，本微课还结合视频、图片、录音等多种介质，帮助幼儿解决教学难点。每一个环节的设计都建立在尊重幼儿年龄特点，满足幼儿发展需求的基础上，因此，整堂微课呈现出清晰明了、生动形象的特色。

认识序数

余姚市机关幼儿园　高　琤

一、适用对象

大班幼儿

二、活动背景

序数来源于生活，运用于生活，认识序数符合幼儿年龄特点和已有的生活经验。因为序数教学中既有方向性的序数，也有初步的二维空间序数，是对幼儿在日常生活中积累的一些零散的、无意识的序数的整合。但这些知识仅通过教师枯燥无味的讲解，幼儿是没有兴趣的，因此本微课尝试用游戏的形式，将"认识10以内的序数"作为教学内容，让幼儿在轻松愉快的活动中自主探索、学习。

三、活动目标

1. 进一步理解序数的含义，体验序数游戏的快乐。
2. 会正确运用序数，并能从不同方向确定物体在序列中的位置。

四、活动过程

（一）游戏"找箱子"，感知不同方向找到的箱子是不同的

1. 将箱子横放。

(1)小朋友,看看今天高老师带来了什么东西?

(2)数一数,有几个?今天,我们就要和牛奶箱一起来做个游戏,叫"找箱子",好不好?请你仔细听,你要找的是哪一个箱子。

(3)请你找出第三个箱子。

(4)一下子就找到了第三个箱子,你是怎么找到它的?

(5)那么谁有不一样的想法?

(6)他找到的是这个箱子,而你找到的是这个箱子,他找的对不对啊?

(7)为什么两个人找的都对,可是找到的箱子却是不同的呢?

(8)小结:数的方向不一样,找到的牛奶箱位置也不一样。所以啊,我们找箱子的时候一定要先听清楚你要从哪个方向开始找。

(9)我先在两边做上标记,左边贴上红点,右边贴上绿点,我们再来找一次,请你们听仔细。

2.将箱子叠起来。

(1)(出示美羊羊)美羊羊,在第几个箱子?

(2)现在美羊羊在第几个箱子?(引导幼儿说出两个方向)

(二)游戏"找朋友",能根据符号找到相应的动物

1.美羊羊说,这个游戏难不倒你们,我们换个游戏,做"找朋友"的游戏。看看美羊羊现在在哪里?

2.还有很多动物要和美羊羊做朋友,你们看谁来了?请你们拿出操作板,并将操作板上的红星朝上。

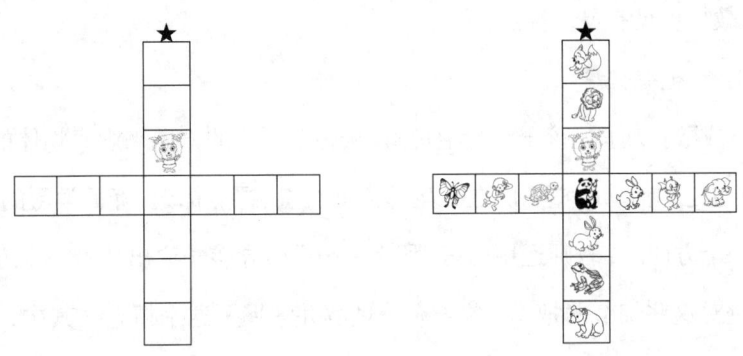

第一题：↑ 2　它是谁？

第二题：→ 6　它是谁？

3. 翻转操作板，进一步巩固序数。现在，我们将操作板转过来，使红星在你的左边，举起来让老师看看，你转对了吗？

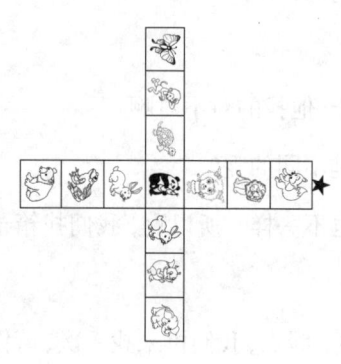

第一题：↓ 3　它是谁

第二题：← 5　它是谁

第三题：

（1）大熊猫在哪里？

（2）出示符号，并小结。

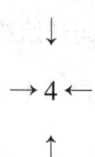

小结：你们有没有发现，大熊猫的位子非常神奇，（等待幼儿回答）对了，它从四个不同方向数，都是怎么样啊？都是第4个。

五、设计特色

1. 关注教材，寻求适切点。

有位哲人说过："当鞋合脚时，脚就被忘记了。"适宜的教育就如同给脚提供合适的鞋子。认识序数是一个比较常规又枯燥的活动，如何让这样的活动焕发生机呢？教师利用箱子可以并排放、重叠放的原理，把序数两个维度的要求巧妙地融合在"找箱子"的游戏中，既活化了教材，使活动更凸显趣味性，同时充分挖掘教学资源，将拼图游戏融于序数的学习中，使教材更具有灵动性。

2. 关注细节，把握关键点。

细节决定成败。为了让孩子清楚地理解"从各个不同的方向来观察物体的不同位置"这一概念（这也是本活动的重点所在），教师借助红点、绿点标记，降低学习的难度。并且在孩子说出一个方向时，教师运用语言"那么……"引导孩子说出从另一个方向数，箱子的位置。通过对这些细节的把握，孩子充分理解并掌握了这个概念。其次，在每一次的验证环节，教师要提醒孩子使用序数词"第一、第二……"，在一次次验证过程中使其感知

"第一"与"1"的不同,轻松地掌握了序数词。

3. 关注思维,抓住兴趣点。

发展孩子的思维能力是数学活动的终极目标。在"找朋友"这一环节中,操作板的转动,方向的改变,再一次抓住孩子的兴趣点,拓宽了孩子的思维,进一步巩固了序数的方向性,使整个活动的重点化解在一次次的操作中。孩子们在动手、动脑与动口中,轻松而又高效地学习了序数。本活动体现了一种"山重水复疑无路,柳暗花明又一村"的教育境界。

数与量的守恒

余姚市实验幼儿园教育集团富巷园　应　瑛

一、适用对象

大班幼儿

二、活动背景

守恒是幼儿数学学习中涉及的一个重要知识点,主要包括长度、面积、体积、重量等。但我们发现守恒的教学活动往往不够深入、细致,经常把长度、数量、面积的守恒都融入在一个活动中,导致幼儿感受宽泛,不够系统;同时教师在开展的过程中也认为活动较无趣。为了让教材更适合教师实施,使活动内容更适合幼儿学习,优化教材内容势在必行。教材优化后可提高活动的趣味性,通过创设游戏情境,让幼儿动手操作,感知守恒,知道物体形状变化与面积守恒的关系。

三、活动目标

1. 初步感知物体形状变化而面积不变的守恒原理。
2. 能运用多种感官,动手动脑,探究面积守恒问题。
3. 乐意参加讨论和交流,能大胆表达自己的观点。

四、活动过程

(一)导入环节:创设情境,感知容积的守恒

1. 比较不同容器中两杯饮料的多少,引出检验的方法,初步感知守恒的意义。

2. 小结:虽然这两杯饮料看上去有多有少,但是当我们把它们倒入相同的杯子以后就发现原来两杯饮料是一样多的。

(二)重点环节:动手操作,感知图形的守恒

1. 出示课件,比较、提问:墙砖是什么样的?面积一样大吗?两面墙是什么形状的?它们的面积一样大吗?

2. 幼儿通过铺墙砖、数块数,比较墙面大小。

3. 小结:虽然两面墙的形状不一样,但是它们用的墙砖数量都是4块,所以这两面墙的面积是一样的。

4. 比较、检验小猪设计的图案的面积大小:它们一样大吗?我们可以怎么做?

5. 幼儿以小组为单位,分组操作。

6. 小结:虽然这些图形的形状不一样,但是它们用的都是4块墙砖,所以它们的面积是一样大的。

(三)难点突破:感官互动,探究面积守恒问题

1. 出示课件:房子和鱼。观察:老师设计的图案会一样大吗?为什么?

2. 把房子和鱼放进十六宫格,幼儿数一数这些图形是由几个正方形和几个三角形组成的。

3. 课件演示:两个三角形也能组成一个正方形,房子由5个正方形拼成,那么小鱼由几个正方形拼成?

4. 小结:这两个是完全不相同的图案,但它们都由5个正方形拼成,所以它们的面积是一样大的。

5. 难度提升:

抢答环节①:出示不同图形,在数块数(图形的组合与分解)中进一步比较大小。

抢答环节②:突破思维定式,比较两个不同面积的图形大小。

五、设计特色

本活动教师始终遵循幼儿学习规律,环节安排由易到难,让幼儿在建构中,对守恒概念有一定的理解。以下是活动的几大亮点:

1. 优化情境,轻松学习。

活动中,教师创设了小猪造新房的情境,充满童趣,并贯穿始终,为幼儿提供了宽松又有趣的学习环境。活动以"喝饮料"引入,让幼儿感知容积的守恒,对守恒有初步的理解。接下去整个活动围绕铺墙砖这一情境展开,让幼儿在猜一猜、铺一铺、数一数的游戏过程中,理解物体形状变化而面积不变的守恒原理。

2. 动手操作,亲自感知。

幼儿的活动始终围绕问题情境:它们的面积一样吗?展开并通过多次操作,亲自尝试,在与材料相互作用的过程中感知图形形状变化而面积不变的原理。通过两次铺墙砖环节,让幼儿在动手操作中,逐步建构守恒原理。

3. 课件演示,推波助澜。

多媒体课件在活动中起着至关重要的作用,每个环节都会运用到。特别是在辨别房子与鱼这两个图案面积大小的时候,通过课件的演示,形象地展示出两个三角形能组合成一个正方形的原理,于是幼儿很快就能判断出两个图案的面积是一样大的。课件的运用也将抽象的守恒概念形象直观地演示了出来,使幼儿更好地理解了守恒,突破了活动的难点。

4. 抢答游戏,经验提升。

最后的抢答环节,让幼儿运用同种方法去判断图形的面积是否一样大。这个环节的难度有了较大的提升,在抢答过程中发展了幼儿的思维,使幼儿对图形面积的守恒有了再一次的巩固,也将整个活动推向了高潮。而在最后的环节中,两个图案的面积大小是不一样的,此设计也是为了打破幼儿的思维定式,在发散思维的同时,再次让他们感受到图形变换与面积守恒之间的关系。

认识时钟

余姚市实验幼儿园教育集团富巷园　赵一飞

一、适用对象

大班幼儿

二、活动背景

时间,作为幼儿数学学习活动中的一个重要内容,大班时便被引入到幼儿的活动之中。幼儿需要了解钟面结构,在此基础上掌握整点、半点的时间概念,体验时间和我们日常生活的关系。同时,大班是幼小衔接的重要阶段,不但需要培养学习习惯和自理能力,也需要教师和家长在日常生活中关注细节,引导幼儿进行更好的自我管理。时间概念的把握和实践,就是其中一个重要方面,因而对于幼儿来说具有重要意义。

三、活动目标

1. 了解时针和分针的运行关系,认识整点和半点。
2. 体验时间和日常生活的关系,感受时钟操作活动的快乐。

四、活动过程

(一)准备环节

1. 引导幼儿快速组装玩具钟,了解钟面结构,巩固所学知识。

2.播放PPT,了解时针和分针的运行关系。

同时从12出发,分针跑一圈,时针跑一大格,这就是一小时。

(二)重点环节:认识整点、半点

1.认识整点。

(1)紧接着上面的演示环节后提问:你们知道这是几点整吗?(1点整)1点整也可以用1:00表示,老师再让分针跑一圈,现在是几点整?(2点整)分针再跑一圈,现在是几点整?(3点整)

(2)播放PPT(出示三个钟面),找规律。

①梳理三个时间的异同之处:1点整、2点整、3点整,这三个钟面上的指针有什么相同和不同的地方?

②教师小结:对,它们的分针都指向12,现在我们知道分针指向12,时针指向几,就是几点整。

(3)幼儿操作:教师说时间(5:00和7:00),幼儿拨指针,提示:想一想5点钟,时针指向几?分针指向几?并用PPT图片进行校对。教师说明:5点整也可以用5:00来表示。教师播放幼儿生活图片,幼儿拨指针(9:00和12:00)。

2.认识半点。

(1)播放PPT:现在时针和分针又要开始赛跑了,这次会怎么样呢?我们一起来看看。

(2)提问梳理:你发现了什么?刚才分针跑了多少圈?(半圈)分针指向了哪里?(6上)那时针跑到了哪里?(时针跑过了12但是还没有到1,跑到了两个数的中间),那这是几点半呢?12点半,12点半也可以用12:30来表示。

(3)播放PPT(出示两个钟面),找规律。

①比较一下12:30和1:30这两个钟面有什么相同的地方?(分针都指向6)那时针呢?(指在两个数的中间)揭示规律:当分针指向6,时针指向两个数字之间,就是几点半。

②细节挖掘判断:到底是几点半,是看前面的数还是看后面的数呢?举例:1:30,时针指在1和2之间,还没有到2,所以是1点半,要看前面的数。

(4)幼儿操作:教师说时间,幼儿拨指针。(2:30)提示:时针跑到了哪里?分针指向几?利用PPT上的钟面进行检验。

（5）幼儿练习：看PPT上的与生活中的半点时间相联系的照片来拨指针。（8:30和下午3:30）

（三）整合环节：拨指针比赛

教师报时间，有整点和半点，请小朋友拨指针并且统计正确率，看谁拨得又快又对。

五、设计特色

1. 观察与操作相融合，提供给幼儿操作的机会。

在幼儿教学活动中，有效的操作活动是促进幼儿经验生成的最直接手段。在本活动中，教师将自装钟面一用到底，通过幼儿当堂拨指针，巩固了他们对整点和半点的认识。

2. 科学与新颖的教具呈现，提供给幼儿直观学习的机会。

活动中，教师借助PPT，直观演示时针和分针的运动轨迹，呈现清晰的钟面，展现与时间点相联系的幼儿日常活动照片。这些课件既有静态的呈现，又有动画式的动态呈现，既为幼儿提供了直观学习的机会，又增强了学习活动的趣味性。

3. 时间概念与幼儿生活环节的时间点巧妙挂钩，凸显"生活化"主题。

在确立整点和半点的时间概念之后，教师在拨指针的环节中，从简单的教师口述时间请幼儿拨指针到结合幼儿一日活动中的某些整点和半点时间相对应的活动图片来拨指针，既体现了生活化的主题，同时也将钟点的书面表现方式（比如5:00和7:30）巧妙渗透到教学活动之中，有助于幼儿经验的提升。

有用的人民币

宁波市江北区绿梅幼儿园　王　珂　吴建颖

一、适用对象

大班幼儿

二、活动背景

《幼儿园教育指导纲要》中提到"让幼儿从生活和游戏中感受事物的数量关系并体验到数学的重要和有趣"。在这一理念的指导下,本活动的设计从三方面进行考虑:

1. 数学教育回归幼儿生活。

钱币,孩子对它既熟悉又陌生。生活中,钱币无处不在,但是孩子对钱币的知识经验却是零散、片段的,本活动不仅能满足幼儿的好奇心,而且能激发幼儿关注周围生活的变化及搜集新信息的热情,同时体现了数学教育生活化的新理念。

2. 与幼儿的兴趣及当前经验整合。

钱币是幼儿在生活中经常看到的,如何帮助幼儿了解钱币与生活的关系呢?基于这一点,本活动从钱币的由来及演变,认识人民币,有用的人民币三步入手,创设视听、游戏相结合的学习活动。通过活动,师幼一起将零散、片段的经验进行有效的梳理与整合。

3. 强调让幼儿获得丰富的体验。

本活动特别注重让幼儿亲力亲为,从而获得丰富的体验。通过操作活动,幼儿亲身体验和感受了钱币在生活中的重要性,同时幼儿在生活和游戏的真实情境中,逐渐体验到数学的意义。因此,本活动更重要的是让幼儿具备利用数学知识解决生活中问题的能力,从中既体验到乐趣,又能让幼儿了解合理使用钱币的重要性。

三、活动目标

1. 知道钱币的由来及演变,认识人民币。
2. 能尝试将小面值的人民币应用于买卖游戏中,体验成功的快乐。

四、活动过程

片头:人民币的由来(出现币种演变的画面)

(一)结合生活,设疑引出

场景1:面包店

乐乐和妈妈一起来到一家面包店买面包。在买的过程中,乐乐发现了一个问题:"妈妈,你给了阿姨一张钱,为什么阿姨给了我们面包又给了你三张钱呢?"妈妈笑着回答:"因为一个面包用不了那么多钱,这钱是阿姨找给我们的。"乐乐似懂非懂,沉浸在问题中……

场景2:教室

孩子们在玩耍,乐乐还想着早上买面包时的问题,问了同伴后,三个孩子津津有味地讨论着关于人民币的事。

(二)结合讲解,突破难点

1. 人民币的面值不同。

小朋友们,你们知道吗,我们的钱币里面还藏着许多秘密呢,让我来告诉你们吧!
(背景中依次出现100元、50元、10元、5元、1元面值的人民币)
你们看,这就是我们生活中用到的钱,它有一个名字叫"人民币",这是100元,这是50元,这些分别是10元、5元、1元。

2. 不同面值人民币的特点。

人民币的面值不一样,大小也不一样。再来看看,人民币还有一些不同呢,其上面的颜色和图案不一样,不仅有人物,有风景,还有植物呢。

3.10元人民币的取法。

10元的分解与组合。这是10元,要想和它一样多,得请这些朋友来帮忙:两个5元;一个5元,五个1元;十个1元。小朋友,你会用人民币了吗?让我们来试试吧。

(三)回归生活,实践运用

场景:超市

乐乐终于知道怎样使用人民币了。她用10元钱买了一包4元钱的零食,找回了6元钱,高兴极了。

(四)拓展延伸,爱护钱币

片尾:爱护人民币

五、设计特色

1. 生活与数学的紧密结合。

活动选材来源于生活,虽然只是孩子们观察到的一个问题,但这就是教育的契机。活动中,我们还原幼儿的生活,却又高于幼儿的生活,从而引起了幼儿学习的兴趣。

2. 故事与教学的有效融合。

活动中,摒弃了说教,采用动态的现代化教学手段,创设轻松、自由、主动的教学氛围,使幼儿体验到数学活动的趣味。以发现疑问 —— 解决疑问 —— 实践运用 —— 爱护钱币为主线,有故事,有重点,让幼儿在观看故事的同时轻松习得了关于人民币的数学知识。

有趣的对称

宁波市镇海区实验幼儿园　杨舒渝

一、适用对象

中班幼儿

二、活动背景

对称是一种最基本的图形变化,它是指图形或物体相对的两边的各部分,在大小、形状和排列上具有一一对应的关系。本活动以让孩子动手操作、激发浓厚的探索欲望为中心思想,让孩子通过动画,更加直观、生动地了解什么是对称,什么是对称轴等核心概念,让孩子在猜测与验证的过程中加深理解。通过观看生活中的对称图片资料,了解对称在生活中的应用,全面、综合地应用对称。

三、活动目标

1. 引导幼儿通过观察、操作,初步感知对称图形的一些基本特征。

2. 鼓励幼儿运用多种感官,理解和判断对称。

3. 引导幼儿初步感知对称图形的对称美。

四、活动过程

具体内容	策略
（一）情境引入，激发幼儿学习兴趣 巧虎：今天天气真好，我们去草地上散散步吧！花园里开满了五颜六色的花，我发现了许多蝴蝶的翅膀，谁愿意帮助它们找到另一只翅膀呢？	在悠悠琴声中，以PPT为衬托，我们来到了草原上。 这里利用音乐、PPT等介质，创设了一个宁静、轻松的氛围，并设置了卡通人物巧虎，给小朋友们布置了一项"帮助蝴蝶找翅膀"的任务。
（二）连线游戏，感知对称图形的基本特征 巧虎：请小朋友为蝴蝶找翅膀，配成一只完整的蝴蝶。 为什么你们两个是一对？ 没错，颜色、大小、形状相同的翅膀才是一对。颜色、大小、形状都相同的图案，我们称它们为对称图形。小朋友们，记住了吗？下面我要来考考你们了。	PPT上对应的蝴蝶翅膀拼在一起，并用胜利的音频加以鼓励，让幼儿体验成功的快感。 通过巧虎与PPT总结：大小、颜色、形状都相同，才算是对称。明确对称的概念。
（三）结合PPT，发现蝴蝶左右的图案也要一样，并认识对称轴 巧虎：我这里也有一只蝴蝶，它找了一些与它形状一样、颜色一样、大小一样的翅膀，但还是没能找到与左边翅膀一样的另一半，我们一起来帮它找找吧！ 原来蝴蝶翅膀里面的装饰图案也要一模一样。 小朋友有什么办法验证蝴蝶左边和右边的翅膀大小是不是一样呢？ 没错，就是对折，对折留下的折痕叫作对称轴。 请小朋友根据刚才学到的本领判断操作纸上的图案是不是对称图形，对的打钩，错的打叉。如果你答对了，会听到"滴滴滴"；如果你答错了，会听到"啊哦"。下面就请你开动脑筋，做一做吧。 松树和它的倒影、扇子、小花、五角星、衣服，这些都是对称图形，而蘑菇、雨伞、国旗、画这些不是对称图形。	通过选择题与PPT结合的方式，让孩子们对蝴蝶花纹加以重视，并将蝴蝶放大，突破难点。 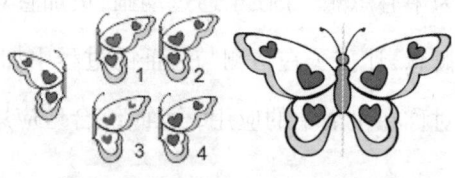 利用对错的判断游戏和胜利失败的音频，让孩子体验成功的乐趣，在失败中汲取经验。

续表

具体内容	策略
（四）迁移经验，找找生活中的对称图形 巧虎：小朋友，我们一起找找朋友或自己身上有什么是对称的？ 我们的生活里还有许多物体是对称的，比如拱桥、天安门、天坛、中国馆等，中国自古以来喜欢对称的美，除此之外还有很多中华传统艺术中也有这样的对称美，比如脸谱、风筝、剪纸、中国结。	对称的美在生活中比比皆是，在悠扬的音乐声中，通过图片欣赏，感受建筑物和传统物件中的对称美，这也是对对称概念的升华。 对称的中华古建筑　　传统的中华艺术 
（五）延伸与拓展 巧虎：看，我们的房间里也有很多对称的物品，在我们身边还有很多具有对称美的事物，希望你们通过寻找去发现更多美的事物。	通过巧虎的话引发幼儿思考，了解对称在生活中的应用。 室内的对称布置 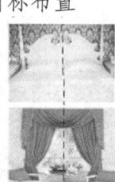

五、设计特色

1. 巧虎形象，串联全场。

孩子们喜欢的巧虎，既是孩子们的朋友，又是孩子们中的智者。利用它告诉孩子们对称的基本概念，和孩子们一起思考问题的答案，引导孩子们感受生活中的对称美。有这样一个既聪明又有趣的同伴，哪个孩子会拒绝呢？

2. 核心问题，动静结合。

本活动的核心是对称和对称轴的概念，利用静的图片，重点指出了对称的概念，又利用动态的动画帮助孩子们理解和掌握对称轴的概念。图片和动画的动静结合，让孩子们更好地掌握了核心概念。

3. 背景音乐，引人入胜。

本活动特选取了班得瑞的《*Morning Song*》作为一开始的背景音乐，创设轻松自然的氛围。在进行探究时,有轻松浪漫的音乐《雨中漫步》陪伴着孩子们,孩子成功时有胜利的小号声,孩子失败时有可爱的"啊哦"声。最后的欣赏环节,带有中国风的音乐《青花瓷》娓娓唱出了富有中国韵味的生活中的对称。

规　律

慈溪市实验幼儿园教育集团　吴　蓉

一、运用对象

大班幼儿

二、活动背景

"规律"存在于幼儿生活的角角落落，有规律的事物总会给人一种美观、有序的感觉。当教师将这一教育资源引入课堂时，这种源于生活的捕捉让幼儿更为直观地感受到了规律的特点。对于大班幼儿而言，中班的学习经验使得他们对规律已经有了一定的感知。特定的情景中、特定的摆放中，幼儿能够顺利完成有关于规律的任务，但他们是否真正理解其概念呢？如何帮助正处于幼小衔接关键期的幼儿顺利把握规律的核心概念呢？如何通过游戏化、生活化的方式，让幼儿在轻松愉快、互相合作、交流共享的过程中获得经验，为小学学习奠定基础呢？本活动就做了一个尝试，让幼儿在发现中理解规律的概念，在寻找中运用规律，在创造中改变规律，呈现幼儿的数学学习路径。

三、活动目标

1. 理解规律，乐于发现、观察生活中有规律的事物，感受规律的作用。
2. 尝试与同伴合作，用多种方式表现和创造规律。

四、活动过程

（一）游戏引题,发现规律,感受规律之便

1. 发现椅子摆放规律。

这是我们今天要坐的椅子,那里少了一把,应该放哪一种椅子? 你们是怎么看出来的?

2. 学做有规律的动作。

（1）游戏：听音乐拍手拍腿。

为什么我停下来了,你们还能继续做动作呢? 有哪两个动作? 这两个动作是怎么做的?

动作记录（拍手 — 拍腿）：像拍手 — 拍腿这样一次、两次、三次不断重复出现的,就说明它是有规律的。有了规律帮忙,你们一下子就学会了,规律真方便!

（2）幼儿自由练习有规律的动作。

（3）再次表现有规律的动作。

请用你喜欢的有规律的动作来欢迎客人,可以用手的动作、脚的动作、身体的动作!

规律帮助我们更好地做动作!

（二）观察交流,寻找规律,感受规律之美

1. 寻找环境中的规律。

舞台上的规律真多! 有规律排列的东西真好看!

2. 寻找照片（幼儿园）中的规律。

听明白了吗? 是哪两样东西? 有没有重复排列?

刚才,我们找到了很多规律,每一组规律都是按照一定顺序排列并且重复出现的,其中有的规律按照颜色排列、有的规律按照形状排列、还有的规律按照数量排列! 有规律排列的东西又漂亮又整齐!

（三）分组活动,创造规律,感受规律之趣

1. 交代游戏规则。

分三组玩规律游戏,第一组用积木盖一堵有规律的围墙、第二组用手工材料装饰一条有规律又漂亮的围巾、第三组 6 人做一个有规律的排列,时间是 5 分钟。

2. 幼儿分组活动,教师巡回指导。

3. 交流分享创造的规律。

找一找每一组的规律。第三组把自己放到规律中,特别难!

欣赏了大家创造的规律,原来规律游戏可以这么有趣、这么好玩,为自己的创造鼓鼓掌吧!

(四)欣赏视频,拓展延伸,感受规律之妙

其实在我们的大自然中也充满着规律。

原来季节转换也是有规律的!大自然还有规律吗?请小朋友们继续去找一找。

科学与探索

秋天的螃蟹

宁波市江北甬港幼儿园 何 妨 陈夏梅 童燕斌

一、适用对象

中、大班幼儿

二、活动背景

在本活动中,孩子提出了许多关于螃蟹的感兴趣的问题:为什么螃蟹在秋天会这么肥?为什么螃蟹是横着走路的?为什么螃蟹喜欢吹泡泡?孩子们的探究围绕这些问题展开,在教师创设的自主活动、探究的环境中,在有效的师幼活动中,让孩子们通过自主探究体验到探究的乐趣,发现的欣喜和分享的快乐!

三、活动目标

1. 对螃蟹产生探究的兴趣,并乐意与同伴大胆交流自己的发现。
2. 初步了解螃蟹的外形特征和生活习性,知道螃蟹在秋天是最肥美的。

四、活动过程

(一)秋的意境,了解螃蟹的生活环境

画面1:在美丽的湖畔,一滴大水滴从天而降,发出了"啵"的声音,波光粼粼,水花四溅,点点伴随着水滴,驰骋到美丽的水底世界,用放大镜看——有大田螺在扇动着美丽的帽檐,有大河蚌张开着嘴巴,露出闪闪发光的珍珠,最后聚焦到一群生活在这里的螃蟹们,它们悠闲、快乐地活动着。

点点:秋天是一个多彩的季节,秋天是一个丰收的季节,在我们沿海城市宁波,有这样的说法:菊黄蟹肥。桂花飘香、菊花争艳的时候,也是大闸蟹最多、最肥的时候。

对于生活在沿海城市的小朋友来说,螃蟹并不陌生,既有来自海洋的螃蟹,也有来自内河的螃蟹。在寻常家庭的餐桌上,螃蟹是经常出现的甲壳类海鲜。引发幼儿探讨这一主题,其教学资源的便利性与广泛性不言而喻。

画面2:孩子们逗螃蟹的快乐画面 —— 用筷子逗,为螃蟹加水,用放大镜看,孩子们的脸上洋溢着喜悦。

小朋友们在与螃蟹的快乐游戏中,自主观察、自主探究,对螃蟹的外形特征及生活习性有了进一步的了解,萌发了小朋友们对秋天螃蟹的探究兴趣,激发了喜爱小动物的情感。

(二)螃蟹特写,了解螃蟹的外形特征

画面3:特写 —— 螃蟹眼睛竖起放下。

点点:螃蟹的眼睛为什么升起、缩进呢?

螃蟹:我们的眼睛像雷达一样升起的时候能看到四面八方,不仅能找到食物,还能预防敌人,遇到危险或者紧急情况时,能灵活地缩进,来保护自己。

画面4:特写 —— 两只螃蟹肚子朝上,张牙舞爪。

母螃蟹:我的肚子是圆圆的,是母螃蟹。

公螃蟹:我的肚子像三角形,是公螃蟹!我们能成为好朋友吗?

母螃蟹:可以啊,很高兴认识你!

画面5:特写 —— 螃蟹吹出好多的泡泡。

公螃蟹:有人说,我们在玩吹泡泡的游戏,还有人说那是我们的唾液……猜不到吧,哈哈,其实我们在呼吸呢!

画面6:特写镜头 —— 螃蟹横爬。

母螃蟹:总是有人说我们螃蟹横行霸道。哼,其实我们一点儿也不霸道!只是我们的腿长得有点与众不同。瞧!大家有没有发现我们每条腿上的关节都是朝两边的,而一般的动物的膝关节是朝前面的。这下大家明白我们为什么总是横着走路了吧!

(三)螃蟹特写,了解螃蟹的生活习性

画面7:螃蟹悠闲地在水中游,然后停下来休息,找到美食,享受美味。

公螃蟹:肚子饿了,让我找点东西吃吃吧!嗯,味道真不错,我的大钳子真灵活,像不像你们用的筷子啊!啊哈,味道好极了!

画面8:螃蟹一动不动,然后开始用力地顶开自己的壳,接着整个身体都爬了出来!留下了原来的壳。

母螃蟹:你知道我在干什么吗?有小朋友说,我在生宝宝呢!其实,我在蜕壳呢!因为我们的骨骼长在肉的外面,不会随着身体的长大而长大,所以我们每长大一次就要蜕一层壳。

(四)拓展延伸,各种各样的螃蟹

画面9:湖里的各种螃蟹,还有海里的各种螃蟹……凸显螃蟹是一个大家族,种类多多。

母螃蟹:我是湖里的螃蟹——大闸蟹,宁波人叫我"毛蟹"。其实我们的兄弟姐妹很多很多,五湖四海都有我兄弟姐妹的踪影,有生活在淡水里的,有生活在海里的,有青蟹、招潮蟹、梭子蟹、面包蟹等,说也说不完。

点点:如果你想要更多地了解螃蟹的秘密,那么请你去海边、湖边找它们吧!

五、设计特色

1. 重学习品质养成。

《3~6岁儿童学习与发展指南》在科学领域前言部分提到"幼儿科学学习的核心是激发探究欲望,培养探究能力"。因而,培养幼儿科学学习的能力、品质,成了我们设计活动的主旨。除了运用多种感官让幼儿进行探究外,还激励幼儿根据已知的经验大胆推断未知的经验,如推测出螃蟹横着爬的原因可能与它的足关节和其他动物不同有关,这种推测是建立在科学逻辑的基础之上的。

2. 重问题聚焦式观察。

本次科学活动的观察是建立在"问题探析"的前提下的。幼儿在活动过程中的所有观察都为其最终解答"自己提出的问题"而服务。在初次观察螃蟹后,鼓励幼儿大胆提出问题,而后提供有效的材料支架,让幼儿再次投入有针对性的探究。这在无形中为幼儿建立了观察能够解决问题的粗浅意识,也为幼儿后续的成长打下了基础。

玩影子

宁波市鄞州区托幼实验园　张静波

一、适用对象

大班幼儿

二、活动背景

影子是我们日常生活中最常见的科学现象，太阳光下有影子，灯光下有影子，皮影戏里也有影子，孩子们还非常喜欢玩踩影子游戏呢。影子好玩却具有复杂的原理，对于幼儿来说无疑是一个有趣又充满好奇的现象。《幼儿园教育指导纲要》中指出："幼儿园教育活动内容的选择要既贴近幼儿的生活，又有助于拓展幼儿的经验和视野。"可见科学教育应密切联系幼儿的实际生活，将身边的事物与现象作为科学探索的对象，科学源于生活并服务于生活。于是教师选取了影子这一贴近幼儿生活，好玩又不失探索性的题材，针对具有一定观察力、思维力以及表现力的大班幼儿设计并展开活动"玩影子"。

三、活动目标

1. 了解影子形成与变化的所需条件。
2. 感知影子的变化与外在因素之间的关系。

四、活动过程

(一)画面1：动画导入

（动画导入,引起幼儿兴趣）

今天的天气真好呀！绿古力哼着歌来到了户外……

绿古力在户外活动时看见身后一直跟着一个黑影,吓坏了,向黄古力哥哥求助,黄古力告诉绿古力这个黑影叫影子。

(二)画面2：室内玩影子

1. 教师介绍影子形成所需的材料。

绿古力终于明白了,一直跟着自己的就是自己的影子,可是影子到底是怎么来的呢？今天绿古力的好朋友花古力专门来找我们玩影子游戏,老师为大家准备了这些材料,有手电筒、花古力。我们一起来试试看怎样才会产生影子吧！

2. 怎样才能出现影子呢？

当光从花古力前方照到花古力的身上,在花古力的身后就会出现一个黑影。对了,光照在不透明的物体上就会产生影子。那么,光没有时,影子也就不见了。再来看看吧,影子还会变大、变小、我们可以这样玩,还可以这样玩。影子游戏有趣吧,快一起来玩吧！

3. 幼儿室内玩影子。

影子捉迷藏：影子与光源的方向是相反的。

影子打太极拳：在沙盘里放上雕塑小和尚,光在不同方位照射,可呈现小和尚打拳的生动情景。

皮影戏：同伴合作,玩皮影戏表演。

影子跳舞：在墙面上创设情境,将实物的影子投射到墙上,表演影子跳舞,感受影子的变化。

4. 教师小结,整理经验。

刚才我们一起玩了好多有趣的影子游戏,有影子捉迷藏、影子打太极拳、皮影戏,还有好玩的影子跳舞呢！你们肯定发现了,我们玩影子游戏时需要光和不透明的物体。那在我们的生活中有哪些光呢,白天的太阳光、夜晚的月光,还有各种各样的灯光。接下来我们要到户外去,那里有更多好玩的影子游戏等着我们,一起去吧!

(三)画面3:拓展——利用自然光在户外玩影子

我们和影子做好朋友吧,看看影子会跟着我们做什么呢?

千手观音:多个小朋友合作变出同一个身体,多双手,出现千手观音的影子。(影子的重叠现象)

摆影子:可以个体或同伴合作在太阳光下摆造型,看看会出现什么样的影子。(影子的动态变化)

追影子:和同伴合作,踩同伴的影子。(影子的移动)

将星星月亮请到布上来:把用KT板割成的"星星""月亮"置于蓝布正上方,出现"星星""月亮"的影子,仿佛星星、月亮就在我们身边。

画影子:用KT板割成的数字,在太阳光照射下在地上呈现出影子,用粉笔将影子画下来。

拼影子:用各种影子组合成小人、花的形状,体验影子游戏的乐趣。

五、应用建议

本微课本着由浅入深、由表及里的教育理念展开,活动中注重幼儿的主体地位,用幼儿感兴趣的方式探索影子、制造影子。从感知到体验到创作,充分调动幼儿的积极性。活动以在室内玩影子为重点,从发现花古力的影子及物体影子变化来巧妙解释影子存在的因素以及光源位置的变化与影子变化之间的关系。以户外玩影子为经验拓展,发现大自然的光与人们生产生活之间的关系,建议幼儿继续在生活中通过各种影子游戏,发现光与影的秘密,让幼儿在活动中获得更多更大的收获。

纸张大力士

宁波市镇海区镇海幼儿园　黄　斌

一、适用对象

中、大班幼儿

二、活动背景

纸是孩子们经常把玩、接触的材料。孩子们在美工、绘画等活动中接触了各种纸张，例如卡纸、宣纸等，对纸的特性有着一定的感性经验。纸是幼儿做中学、做中思、做中亲身感受科学和探索科学，培养科学素养的良好载体。

本活动选择了幼儿生活中熟悉的"小彩纸"和木质积木，从纸的"承重"入手，在自主探究游戏中提炼、深化，在层层递进的环节中，引导幼儿多次尝试，探究"怎样才能让纸站于桌上不倒？如何折叠才能在纸上放多块积木？最多能摆放几块？……"幼儿在动手动脑中探究问题、发现问题、反复尝试，在探索、实践和游戏中增强探究欲望，亲身感受科学探索的过程和方法，体验发现的乐趣。

三、活动目标

1. 通过操作、探索发现运用"折"的方法，可以使普通纸张站立。

2. 尝试不同的折纸方式，提高普通纸张的承重能力。

3. 乐意参与让纸张变大力士的探索活动，并在活动中获得发现与成功的喜悦。

四、活动过程

【活动准备】

每人一张彩纸,同样的积木若干块,用彩纸折成的完整的长方体、圆柱体等模型若干个。

(一)让纸站起来

1. 教师提前为每组准备一个小箩筐,内放彩纸,每人一张。

2. 教师提出第一个挑战。

今天我们准备了一张彩纸,彩纸宝宝很可怜,它站不起来,你们能帮帮它吗?

3. 幼儿自主尝试,让彩纸站起来,站在桌面上。

4. 教师评价,然后让幼儿说说方法,教师简笔记录。

(二)个人探究,探寻纸张的承重力

1. 教师提出第二个挑战——探寻承重力。(在各种造型上摆放积木,测试承重力)

彩纸宝宝非常感谢你们让它站起来了,可是它说,今天它的愿望还没有实现,你们知道它想干什么吗?它想成为大力士。

2. 教师拿出积木,将一块积木平稳地放在自己折的彩纸上。

3. 协助教师每人分发一块积木,幼儿也尝试在自己所折的彩纸上放一块积木,成功。

(三)第三个挑战(实现梦想)——寻找新的折叠造型,增加彩纸的承重力,完成挑战(要求能承重10块积木)

彩纸发现自己还不是一名真正的大力士。

要怎样改变自己,才能成为一名真正的大力士呢?

1. 教师补充实验要求：在教师的帮助下完成纸张的造型（可使用透明胶或双面胶），然后幼儿自己在上面逐一增加积木，注意积木须放整齐，挑战叠放 10 块积木。

2. 幼儿开始实验，教师巡视。

3. 整理器材，比较发现彩纸折成圆柱体、长方体、三角体后都成功叠放了 10 块积木，并联系生活实际。

  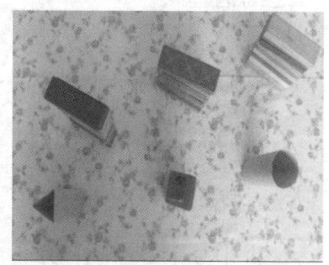

（四）极限挑战

最后我们要来一个终极挑战，用彩纸把小朋友举起来。

教师让幼儿把所有的彩纸大力士放到桌面上，请一个幼儿尝试排列彩纸。

五、设计特色

1. 趣 —— 角色创设引全程。

创设游戏角色情境，让孩子们充满兴趣，主动探究，"纸"角色化，让纸在故事中与小朋友交流，并解决难题，从"纸站不起来""有一个心愿""实现梦想"，一直到"感恩"环节将孩子举起来，整个角色贯穿全程，没有过多的文字表述，真正做到让孩子去体验、去想象。

2. 宜——选材简易生活化。

现实生活中有许多幼儿熟悉的东西,它们蕴涵着深刻的科学道理。比如说本活动用到的纸,随处可取。本活动让幼儿在做中学、做中思、做中亲身感受科学和探索科学,以从小培养孩子的科学素养。

3. 奇——层层递进奇操作。

本活动遵循了这一要点,内容"纸张大力士"与材料"小彩纸"都来自于幼儿的生活。在幼儿感兴趣的游戏中进行提炼、深化,在层层递进的环节中,引导幼儿多次实践尝试,探究"怎样才能让纸站于桌上不倒?如何折叠才能在纸上放多块积木?最多能摆放几块?……"整个活动,幼儿都是在动手动脑中探究问题、发现问题。就这样在探索、实践和游戏中,幼儿的探究欲望增强了,亲身感受了科学探索的过程和方法,体验了发现的乐趣。

神奇的大蒜头

宁海县中心幼儿园　赖晶晶

一、适用对象

中班幼儿

二、活动背景

现在的孩子大多存在偏食、挑食的现象,特别是碰到要吃一些有特殊气味的蔬菜时,幼儿的浪费现象比较严重,有部分小朋友只吃几口就把这些蔬菜倒掉了。在春天这一感冒流行的季节里,幼儿园经常会在午餐的配菜中搭配一些大蒜让孩子们预防感冒。可很多孩子每次拿到大蒜就皱着眉头,有些孩子趁着老师不注意偷偷扔掉。通过观看本微课,拓宽幼儿学习的方法、方式,让幼儿的学习方式更自主、更自由,也更有针对性。同时幼儿对微课这一新型的学习模式充满新鲜感,他们会更主动地去学习。

三、活动目标

1. 通过各种感官感知大蒜头的外形特征、内部结构和特殊的气味。
2. 初步了解大蒜头的作用,萌发喜欢吃大蒜头的情感。

四、活动过程

(一)闻一闻,感知大蒜头的特殊气味,了解气味的作用

师:森林王国里发生了一件大事,急需大蒜头来帮忙,可是在运输途中,大蒜头掉到了一个装有其他蔬菜的箩筐中,箩筐里面漆黑一片,什么也看不清楚,需要你们用闻的方法找出来。你们愿意帮助狮子大王吗?

师:好,5个小朋友一组,每个人到每个盒子里闻一闻,每组找出一个装有大蒜头的盒子,拿上来。现在去试试看吧。

师:为什么你能一下子就找到装有大蒜头的盒子呢?你是怎么找到?用了什么方法?

幼:我闻到了大蒜的味道。

师:你们的小鼻子真灵。你们闻到的大蒜头是什么味道的?

幼:臭臭的。

师:你们喜欢大蒜头吗?

师:你为什么喜欢?

幼:大蒜头能保护我的身体。

幼:不喜欢。

师:你为什么不喜欢呢?

幼:因为我不喜欢大蒜头的味道。

师:猜猜看,大蒜头的气味有哪些作用呢?

幼:能驱蚊。

师:到底有什么作用呢?让小博士来给我们解答吧。

师:原来,大蒜是一种有特殊气味的蔬菜,这种气味具有刺激性,蚊虫不喜欢,能够保护我们的身体。(黑板出示图卡)

(二)剥一剥,看一看,感知大蒜头的外形特征和内部结构

一群病菌正在入侵动物王国,动物们有的打喷嚏,有的流鼻涕,每个动物都愁眉苦脸的。大蒜头的到来让狮子大王眉开眼笑,大蒜头也神气地说:"别看我小小的个子,其实我的身体里面住着好多个大蒜士兵呢。"

1. 剥一剥。

师：哎，大蒜士兵藏在哪里呢？你们想去了解一下吗？

师：桌上放着许多的大蒜头，小朋友每人拿一个大蒜头和一个小箩筐，请你仔细看看大蒜头是什么样子的，然后用小手剥一剥，把大蒜士兵掰下来装在自己的箩筐里，然后再数一数你的大蒜头有几个大蒜士兵。

幼儿分组进行操作。

2. 说一说。

师：大蒜头是什么样子的？（圆圆的，鼓鼓的，看起来下面大上面小）

幼：看起来鼓鼓的。

幼：我的上面大大的，下面小小的。

师：那大蒜头是什么颜色的呢？

幼：白色的。

师：它的外面有什么？像什么呢？

幼：有薄皮，像我们的衣服一样。

师：你们掰下来的大蒜士兵，样子像什么呢？（弯弯的、月亮、香蕉）

幼：弯弯的，像月亮一样。

幼：像我吃过的香蕉。

幼：……

师：你的大蒜头里有几个大蒜士兵呢？

幼：8个

幼：……

师：原来大蒜头里的大蒜士兵有的多，有的少，每个大蒜头是不一样的。

师：大蒜士兵在大蒜头里是怎么排队的呢？

幼：一个紧挨着一个排队。

幼：像我吃过的橘子一样排着队。

师：你们真棒！找到了大蒜头这么多的秘密。大蒜外面穿着一件白衣服，脱下衣服瞧一瞧，许多兄弟姐妹围着柱子紧紧地靠在一起。

（三）听一听、说一说，了解大蒜的多种作用。

师：我们已经找到了这么多的大蒜士兵，接下来会发生什么事情呢？看！大蒜士兵们在勇敢地和病菌做斗争呢！小朋友给它们加加油！

师：现在你喜欢大蒜头了吗？

幼：喜欢。

师：刚才不喜欢，为什么现在喜欢了呢？

幼：大蒜头很厉害，能赶走病菌。

师：大蒜头真厉害，消灭了病菌，动物们笑眯眯的，又能开开心心地玩耍了。

师：你们现在知道大蒜头有什么本领呢？

幼：杀死病菌。

师：说得真棒。除了这个，你知道大蒜头还有什么本领吗？

幼：赶走蚊子。

师：我们听听小博士是怎么介绍的吧。（点击课件）

师：大蒜头有这么多的本领，真厉害啊！你们知道吗？它还能做成许多美味的食物呢，如脱水蒜片、大蒜粉、腊八蒜、糖醋大蒜。

师：今天老师带来了糖醋大蒜，我们一起品尝一下吧。

（四）拓展活动：各种有气味的蔬菜

师：除了大蒜，你还知道哪些有气味的蔬菜吗？

师：是的，像芹菜、香菇、香菜、洋葱、韭菜都有它们独有的气味，这些蔬菜虽然有一些气味，但是营养可好了，我们都要学着吃。

五、设计特色

1. 适 —— 选材适宜生活化。

挑食是很多孩子存在的一个问题。教师抓住大部分孩子不喜欢吃大蒜这一生活细节，展开了本活动。从孩子们的生活中挖掘题材，设计教学活动，能引发孩子们的共鸣，做到有话可说、有话能说，从而达到师幼之间良好的互动，也能更有针对性地解决问题。

2. 趣——情境创设趣味浓。

首先利用狮子大王找大蒜头这一情境帮助幼儿进入活动，激发幼儿的兴趣。接着又以大蒜头自我介绍的形式请孩子们动手剥一剥大蒜头，看一看大蒜头的外部结构和内部特征，并利用表格对大蒜头的特征进行小结，让孩子们有更清晰的认识。通过幼儿自身的体验，让他们对大蒜头有了初步的了解，进一步调动了幼儿的兴趣点。其次，教师利用小动物生病这一情境引发幼儿继续探索，挖掘大蒜头的多种用途，让他们在情境中喜欢上大蒜头，从而能尝试着去吃大蒜头。最后，呈现多种有气味的蔬菜，鼓励幼儿学着吃这些蔬菜，改变挑食的习惯。

3. 巧——教具巧妙效果佳。

充分利用PPT这一现代化的教学形式，贯穿整个活动，使整个活动更形象，更开放，更吸引幼儿的注意力。一开始就以动态的形象吸引幼儿；在了解大蒜头作用的环节中，利用大蒜和病菌的动态战斗，让幼儿更形象地了解大蒜头，从而对大蒜头的态度慢慢地由不喜欢转变为喜欢。最后更是以一瓣大蒜呈现一个作用的形式，展示一个完整大蒜头的形象，对幼儿了解大蒜的多种用途起到了一个总结性的作用。

六、应用建议

本微课反映了"生活即学习"的宗旨，适用于教师教学、学生自学等。通过微课，学生对"特殊气味的蔬菜"特别是大蒜头，有了更加深刻的印象。建议在微课学习过程中，教师能够提供真实的大蒜头让幼儿能够跟着视频一起操作，一起探索，在自主学习的氛围中获取知识。这既是教师采取针对性备课的载体，也是实现生本课堂转变的关键。

垃圾宝宝去哪儿

宁波市鄞州区中河街道中心幼儿园　叶珊珊

一、适用对象

中、大班幼儿

二、活动背景

垃圾是生活中常见的物品。孩子们知道垃圾是怎么产生的,但是回收后的垃圾去哪儿了?有什么用?这却是孩子们未知的问题。不同的垃圾有不同的处理方式。如可乐瓶、塑料袋等垃圾可以再次回收利用;而电池、灯泡等有害垃圾却需要经过特殊处理才能被再次利用或处置。"垃圾分类"有助于我们节约资源,保护环境,为了让我们人类的生活环境越来越好,我们应该积极地实践它!如何引导孩子也行动起来,参与其中呢?教师设计了这一活动,以情境化的方式让孩子们了解垃圾分类的作用,并鼓励孩子尝试实践,培养孩子良好的环保意识。

三、活动目标

1. 认识4种不同的垃圾桶及其作用,初步尝试进行垃圾分类。
2. 初步了解垃圾回收的用途和处理方式。
3. 了解垃圾分类与人们生活的关系,提升环保意识。

四、活动过程

（一）动画引题，激发兴趣

初步认识4种垃圾桶及其回收的相应垃圾。

（二）情景活动，深入认识

1. 以情景活动的形式帮助幼儿进一步认识垃圾分类。

可回收垃圾，如：塑料瓶、废纸等。

厨余垃圾，如：剩菜剩饭、瓜皮果壳；有害垃圾，如：电池、灯泡等。

容易混淆的垃圾,如:玻璃等,属于可回收垃圾。

2. 以游戏活动的形式帮助幼儿进一步巩固垃圾分类

游戏活动:垃圾分类小能手。

(三)了解意义,倡导分类

大象老师总结垃圾分类的重要作用,鼓励孩子尝试进行垃圾分类,共同营造良好的生活环境。

五、设计特色

这一活动以幼儿喜欢的动画形式进行,利用情境化和游戏性的策略激发幼儿参与活动的积极性,且活动选材贴近幼儿生活,并直击目前的热点话题——垃圾分类,使活动具有明显的时代气息,同时也能有效提升幼儿的生活经验。

活动以孩子熟悉的幼儿园生活为背景,以孩子们喜爱的小动物形象为主体展开,通过认识垃圾桶、了解垃圾分类和倡导垃圾分类这三个主要环节来达到既定的目标。同时,为使枯燥、乏味的说教活动更为生动、活泼,进一步激发孩子们学习的积极性,提高学习的有效性,活动过程中还穿插了小游戏,从而帮助孩子们进一步认识各种垃圾及如何分类,突破活动重难点。

活动的最后,以大象老师的话言简意赅地突出了本活动的主旨,也积极鼓励孩子们尝试进行垃圾分类,发展其环保意识。可以说,整个活动脉络清晰,逐层深入,能在轻松愉悦的氛围中较好地实现活动目标,促进幼儿的有效发展。

香香的肥皂

宁海市海曙区石碶街道中心幼儿园　任九凤

一、适用对象

大班幼儿

二、活动背景

幼儿科学学习的核心是激发兴趣,体验探究过程,发展其初步的探究能力。那么,以什么为探究对象呢? 自然是与幼儿实际生活紧密联系的事物。肥皂就是其中之一,它既为幼儿熟知,又具一定的教育性。肥皂为什么会产生泡泡? 用过肥皂的小手为什么马上能变得很香很干净? 肥皂到底是怎么做出来的? 这些问题,对幼儿而言无疑是有趣而又新奇的。因此,本活动旨在通过直观的教学形式让幼儿看到我们生活中所用的肥皂原来是可以通过一些废旧物品制作出来的。这样,既能让孩子们初步了解肥皂的构成,又能培养孩子们的环保意识,更能激发他们热爱美好自然的积极情感。

三、活动目标

1. 了解肥皂在生活中的多种用途,掌握肥皂制作的基本步骤。
2. 通过视频、实验操作产生对肥皂的探究兴趣。
3. 萌发变废为宝的环保意识。

四、活动过程

【活动准备】

每人一份操作材料(牛奶 100mL、皂基 200g、废油 4mL、香氛 2mL、各种着色剂、各种模具)。

(一)直接引题,激发兴趣

师:小朋友们今天跟着老师一起动手来做一块香香的肥皂吧!

(二)教师讲解,共同制作

1. 出示材料。

准备的材料有牛奶 100mL、皂基 200g、废油 4mL、香精 2mL、各种着色剂以及各种模具。(PPT 展示)

2. 放入材料。

拿出准备好的所有材料,把牛奶、废油、香氛,还有神秘的小白条一样一样地放入到你的量杯中。

3. 加热溶解。

把量杯放到热水中隔水加热,一边加热一边要用小棒搅一搅,直到它们全部都溶解,你们也来试试看。

4. 着色。

下面给它变变颜色。滴入 3 滴你喜欢的颜色,一定要用小棒均匀地搅拌。

5. 塑型。

选一个模具,把液体倒进去。大家一起耐心地等上几分钟。

(三)直观感知,揭秘皂基

1. 初步了解皂基的成分。

师:现在,老师要来考考你们了。你们知道神秘的小白条是什么吗?我们一起来看一看……(动画揭秘)

2. 成品展示体验成功的乐趣。

你的肥皂变硬了吗？请把它从模具里取出来。先把模具翻个身，然后用右手一边上下摇一边捏模具两边，里面已成型的肥皂会倒出来。

(四)拓展经验，感受多样

1. 今天，我们用生活中废旧的材料做了香皂，其实生活中其他的东西也能做香皂，我们一起来看一看。

2. 利用PPT，了解各种肥皂：鲜花皂、水果皂、草药皂等。

3. 除了老师介绍的，还有哪些东西也能做香皂呢？回家之后请你跟爸爸妈妈一起去查一下资料，动手做一做。

五、设计特色

1. 以幼儿兴趣为基点，合理构架活动。

兴趣是所有活动的基点和归宿，大班孩子们在洗手时特别喜欢玩肥皂。生活中肥皂也随处可见，但是肥皂的组成部分是什么？是通过什么方法被制作出来的？小朋友能不能通过自己的小手制作出好看又实用的肥皂呢？这都是本活动需要解决的问题，而幼儿的浓厚兴趣能够为本活动做好充足的铺垫。

2. 以变废为宝为主线，培养积极情感。

手工皂的成分非常简单，生活中易于发现和收集，即废弃的油、碱加上牛奶和色素，加热后倒入模具冷却便可成型。因此，"变废为宝"是本活动的一大亮点。

3. 以直观教学为手段，提供有效支架。

《3~6岁儿童学习与发展指南》中提到："珍视幼儿生活和游戏的独特价值，充分尊重和保护其好奇心和学习兴趣，最大限度地支持和满足幼儿通过直接感知、实际操作和亲身体验获取经验的需要。"结合大班幼儿的年龄特点和认知发展，本活动运用多种方式，帮助幼儿从"眼睛看"到"动手做"到"收获成品"，从"静"到"动"到"等待"，帮助幼儿理解并掌握制作肥皂时皂基的重要性以及皂基的主要成分，感知变废为宝的力量，同时享受成功带来的喜悦。

神奇的泡泡板

宁波滨海国际幼儿园　唐晓娟

一、适用对象

中班幼儿

二、活动背景

吹泡泡是每个孩子都喜欢玩的一种游戏,但是美丽的泡泡只能在空中停留短暂的几秒,我们甚至都不能触碰到它。有没有办法制作一个像捕蝶器那样的工具来捕捉泡泡呢?本微课围绕"留住泡泡"的任务,让孩子通过探索不同的材料,在快乐的游戏中提升科学探究、科学制作的能力……

三、活动目标

1. 探索用各种不同材质的泡泡板捕捉泡泡,比较发现毛线能成功留住泡泡。
2. 在自主观察的基础上,利用缠绕、卡槽的方法制作泡泡板。
3. 利用自制的泡泡板捕捉泡泡,体验科学小制作带来的成就感和喜悦感。

四、活动过程

【活动准备】

1. 物质准备:毛线、硬纸板模型、木板、塑料绳、泥工板、毛线手套、A4纸、制作好的泡泡板等捕泡泡工具若干、泡泡液若干、记录表一张。

2. 经验准备：玩过接住泡泡的游戏。

(一)引题：泡泡不见了

与孩子一起回忆用手接泡泡的游戏。

(二)第一次探索：我来捉泡泡

1. 介绍各种捕泡泡工具。
2. 用自主选择的捕泡泡工具接泡泡。
3. 分享与梳理：谁成功接住了泡泡？
(1)出示记录表，将分享的结果记录在表格上。
(2)幼儿分享，教师记录。
①刚才你用了什么工具来接泡泡？你成功了吗？
②用什么符号来表示它没有接住泡泡呢？
③这个工具能接住泡泡，它为什么可以接住泡泡呢？
④两种工具外形看上去差不多，可是为什么一个能接住泡泡，另一个接不住呢？
⑤将孩子在操作中的实验结果记录在记录表中。
(3)观察记录表的结果，教师梳理提升。

毛线手套和用毛线做的接泡泡器可以让泡泡留在我们的手上。因为它们有细毛毛，泡泡留在上面不会破。

(三)第二次探索：自制泡泡板

1. 观察泡泡板，了解制作泡泡板需要的材料。
(1)观察泡泡板，讨论泡泡板的制作方法。
(2)介绍材料，说明制作方法。
2. 尝试制作泡泡板。
(1)教师与孩子一起制作泡泡板。

（2）根据孩子的制作情况做个别指导。

（3）验证：用自己制作的泡泡板接住更多的泡泡。

五、设计特色

这是根据孩子们的兴趣设计的一个科学制作活动，其中的操作材料都来源于孩子的生活。通过自主探索、自主观察、自主制作，孩子们在具体的探索和操作中获得了关于毛线具有张力的科学小常识。本活动的设计具有以下三点特色：

1. 通过与同伴分享来共享探索经验。

在第一个自主探索的环节中，在一定时间内，孩子是无法将老师提供的所有工具都进行尝试和验证的，但是通过与同伴的结果分享，可以很快知道哪些工具能接住泡泡，体现了幼幼互学的理念。

2. 通过小制作来获得知识经验。

在活动中，我们通过让孩子自己动手制作泡泡板来体验制作过程中毛线的松紧度、纸板的硬度等与泡泡板接住泡泡成功概率的关系。毛线平铺，就能稳稳地接住泡泡；毛线过于集中，没有处于一个平面上，泡泡容易破碎……这些经验的获得，都需要孩子通过动手操作得出来。在自主制作完成泡泡板后，孩子们充分享受到了通过自己的努力成功接住泡泡的喜悦。

3. 通过教师同步操作来解决制作难点。

制作泡泡板是这个活动的重点环节，也是一个难点。在解决这个难点的过程中，教师与孩子一起制作，不仅在过程中让能力弱的孩子可以观察具体的制作方式，还可以帮助一部分孩子解决绳子怎么卡进卡槽、毛线怎么拉紧等技术上的难题，对不同能力的孩子有着不同的作用。同步操作还体现了教师与孩子平等、互助的关系，对孩子是一种积极的暗示，对教师是一种理念的体现。

神奇的泥土

奉化市莼湖镇中心幼儿园 王家璐

一、适用对象

大班幼儿

二、活动背景

幼儿从小就和泥土亲密接触，但随着幼儿年龄的增长，好奇心也随之变得强烈。当孩子们在游戏和生活中发现了自己感兴趣的事物时，会有想进一步去了解的想法和愿望。比如：幼儿看到蚯蚓时，会有幼儿提出蚯蚓为什么会生活在泥土里？也有幼儿会问植物为什么生长在泥土里？《幼儿园教育指导纲要》指出："教育活动的选择既要贴近幼儿的生活来选择幼儿感兴趣的事物和问题，又要有助于拓展幼儿的经验和视野。"因此本微课选用泥土来作为探究对象，激发幼儿大胆探索与实践的欲望，让幼儿在观察和比较中，了解各种泥土有适合植物生长的本领，培养其热爱大自然的情感。

三、活动目标

1. 通过观察、比较，知道每种泥土都有自己的本领。
2. 了解三种泥土的特质。

四、活动过程

（一）三种泥土的导入

青土：大家好！我是青土，我的家在河里。黄土：你们好！我是黄黄的黄土，我的家在高高的山上。黑土：Hi！我是黑土，你们认识我吗？广阔的田野那是我的家。

（二）比比韭菜在哪个泥土里生长得最快

今天我们三兄弟要来一场PK赛，比比谁最厉害，比什么呢？

裁判说：第一场来比比韭菜在谁的身体里长得最高、最壮。现在一起来种韭菜吧。

我们需要一些韭菜籽，还有等量的三种泥土，小铲子、花盆、喷壶，工具准备好了，那我们开始吧。在每个盆中撒上等量的韭菜籽，盖上松松柔柔的土被子，再浇点等量的清清凉凉的水。小种子，你可要快快发芽，快快长大啊。我们来给花盆做点记号吧。这是青土，这是黑土，这是黄土。

一段时间以后……韭菜在三种泥土里慢慢地发芽、长大了。

每天都给它们浇一样多的水，喝了水的韭菜噌噌地往上长。

还给它们晒一样多的太阳。

十天后……结果出来了，生长在黑土里的韭菜长得最高、最壮。

裁判：恭喜黑土，这局你获胜了，原来韭菜喜欢在你的身体里生长。下面进行颁奖仪式。

站在领奖台最高处的黑土得意极了，哈哈大笑，还对着青土、黄土说：你们不行，还是我最厉害，所以你们以后要听我的话。

这时站在领奖台上的青土、黄土非常不服气，大声高喊：我们不服，再比！

（三）比比黏性

裁判：好，那我们再来一轮，这次来比比谁最有黏性。

青土、黑土、黄土争着说：我最有黏性！我最有黏性！

裁判：好了，你们都不要争了！谁都说自己最有黏性、最厉害，那就请你们把自己最有黏性的作品带来，我们再比比。

半个月过去了,决胜的时刻终于到来了!

黄土第一个来,大声地说:你们瞧,我可以造房子,我最有黏性,最厉害。

这时青土也来了,青土说:我可以做出很多漂亮的泥塑作品,你们说是不是我最厉害啊?

站在一边的黑土边哭边说:我什么也做不出来……

裁判:黑土,你不用难过,虽然这局你输了,但却有很多植物喜欢在你身体里生长,所以你也很厉害!

(四)小结

其实小朋友也和泥土一样,每个孩子都有属于自己的长处,我们都是最优秀、最棒的。

五、设计特色

本微课以三种土为主线来展开,先认识三种土,知道它们来自哪里,再利用拟人化的手法让三种土进行比赛。第一场比韭菜在哪个泥土里生长得快,让幼儿观察、记录、比较,最后得出韭菜更喜欢生长在黑土里。第二场比谁更有黏性,通过展示自己的作品,知道青土和黄土都比黑土有黏性。

竹子的秘密

宁波市镇海区九龙湖镇顾兆田(中心)幼儿园 张黎燕

一、适用对象

大班幼儿

二、活动背景

竹子与人们的生活息息相关,竹竿、竹担、竹筐、竹席子等为我们的生活带来了方便,竹笛、竹工艺品、竹玩具等为我们的生活带来了乐趣。但孩子们对竹子缺乏系统性的认识,他们的小脑瓜里仍然存有很多的疑问,例如:竹子小时候是什么样子的?竹子有什么秘密……因此,本活动中幼儿将探访我们身边既熟悉又陌生的朋友——竹子。

三、活动目标

1. 通过看、摸、闻、摆弄等多种方式认识竹子,了解竹子的生长过程。

2. 学会观察,知道竹子各部分的名称,并能对竹子的各部分进行深入探究,发现竹节的秘密。

3. 能大胆探索,愿意用多种感官感知与体验,萌发科学意识。

四、活动过程

【活动准备】

1. 一个关于竹子的谜语、竹子生长的视频、PPT课件。

2. 幼儿操作材料（竹子），每组一份表格。

（一）激趣——猜猜我是谁

1. 笋宝宝：嗨，小朋友们你们好，知道我是谁吗？人们常说我"小时层层包，大时节节高。初生当菜吃，长大做材料"，你们猜到我是谁了吗？

2. 观看竹子生长过程的视频。

（二）设疑——竹子是怎么样的

1. 了解竹子的生长过程。

请幼儿猜猜笋宝宝长大后会变成什么。

竹宝宝：现在我要考考你，我是怎么长大的呢？

幼儿一边说，教师一边出示图片。

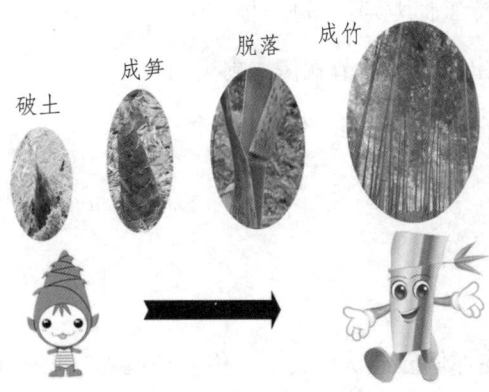

2. 认识竹子的基本结构

请幼儿观察竹子身上有什么。

师：有竹竿、竹枝、竹叶，还有竹根。竹根藏在泥土里。

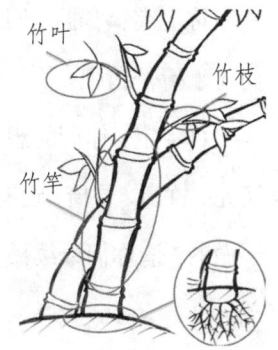

（三）解惑——探索竹子的秘密

1. 看一看，闻一闻，摸一摸。（首次探索）

请幼儿继续探索竹子里藏着的秘密。

介绍材料，提出观察要求：小朋友们，老师在每组的小桌子上都放了一段小竹子，请你们仔细地观察，然后把看到的、闻到的、摸到的用图画的方式记录到相应的表格里。现在5个小朋友为一组，马上去寻找竹子的小秘密吧，然后合作完成表格。

2. 说一说自主探索的结果。

请幼儿说说都发现了哪些小秘密。

3. 二次探索，发现竹节的秘密。

师：小朋友，刚才竹宝宝告诉我们，它的身上有竹节，你想再去看看吗？老师准备了一些已经被剖开的竹子，你们再去瞧一瞧、摸一摸，这竹节上、竹子里又有些什么秘密呢？

师：小朋友们回答得太棒了！其实啊，每一根竹子上都有好多竹节，竹节上会长出竹枝。竹节就像一扇扇门，把我们长长的竹子隔成了好几个小房间。你们瞧！竹子里面是空心的。

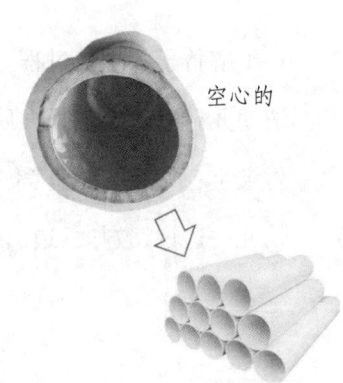
空心的

（四）延伸——竹子的用途

竹宝宝：小朋友们，现在你们已经认识我了。你们知道吗？我还有许多本领呢，请你们先来猜一猜吧。

竹宝宝：你们的想法真不错，让我把我的本领展示一下吧：我可以做竹筛、竹笼、竹筷笼、竹扇、竹椅，还有小朋友平时活动中用到的竹梯……生活中还有哪些东西是用竹子做的？请你们继续做个小侦探，赶紧去找找吧！

五、设计特色

1. 适。

选材内容来源于本地资源,既贴近幼儿的生活又具有丰富的科学探索性。九龙湖镇是一个依山傍水的小乡镇,这里风景优美,尤其是由一根根高大挺拔的竹子会聚成的竹海,美不胜收。竹子的用途也很广泛,构造较为奇特。

2. 趣。

本活动运用了笋宝宝、竹宝宝的形象,为活动增添了童趣,改变了以往全程由教师讲课的教学模式,更加容易激发幼儿的学习兴趣。

3. 活。

本微课的制作,除了利用图片作为活动媒介外,还灵活地运用视频和操作活动来引发孩子们对活动的兴趣,使科学活动的氛围不再沉闷,也有助于幼儿对日常生活中的经验进行梳理和归纳,从而对竹子有更深入的了解。

护绿小能手

宁波市镇海艺术实验幼儿园　金　琳

一、适用对象

大班幼儿

二、活动背景

在自然角的种植和观察中,我们发现植物会干枯、发黄。如何正确养护绿色植物,让已经生病的植物恢复生机是幼儿兴趣所在。本活动主要让幼儿了解如何养护绿色盆栽,通过自己动手给植物浇水、修剪、擦拭,更深入了解绿色植物的特点,激发对绿色小生命的喜爱之情。

三、活动目标

1. 了解绿萝、薄荷、文竹等几种常见的盆栽植物的养护方法。
2. 在学习护理的过程中萌发关心、爱护绿色植物的意识。

四、活动过程

【活动准备】

1. 物质准备:微课视频、养护工具。
2. 经验准备:认识绿萝、文竹、薄荷、白掌。

主要环节	活动过程	微课素材
（一）情景导入，引发植物养护大思考	1. 观察对比，引发冲突。 瑶瑶妈妈临走前嘱咐瑶瑶照顾植物。可妈妈回到家，却发现家里的植物都变了样。	 
	2. 局部呈现，猜测病因。 植物的叶片发黄长斑，茎部变黄，泥土缺水干裂，是什么原因让绿色植物生病了？	
	3. 解说病因，点明主题。 没有阳光、水分，叶子上布满了灰尘，缺少照料，植物就会生病。你们知道怎样照料盆栽植物吗？	 
（二）多元呈现，了解植物养护小窍门	1. 出示博士，介绍妙招。 充足的水分是养护绿色植物的关键，当植物表层的泥土变干缺少水分时，说明它需要喝水，但过度地浇水会引起植物根部缺氧腐烂。不同的植物的喝水量不同，绿萝、薄荷、白掌需要多喝水，大约7~10天浇一次。文竹、仙人掌尽量少浇水，它们能从空气中吸收水分。 夏天或干旱时，最好多浇水。秋天和冬天，可以少浇水。下雨天时，尽量不浇水。	   

续表

主要环节	活动过程	微课素材
	此外,薄荷喜欢强烈的阳光,可以将它放在室外接受充足的光照。绿萝、白掌、文竹等植物是喜阴的,将它们放在室内,偶尔搬到室外接受光照。 当植物叶子变黄枯萎时,我们要用剪刀及时修剪。当叶片上布满了灰尘,可以用干净的棉布轻擦叶片。 2. 实景演练,巩固技能。 提问:文竹和薄荷谁喝水多,谁喝水少? 回应:文竹这类耐旱的植物少喝水。薄荷、白掌喜湿,它们需要多喝水。 提问:白掌和薄荷,谁需多晒太阳,谁应放在室内? 回应:白掌是喜阴的,喜欢生活在阴凉的室内。像薄荷这类喜阳的植物需要多晒太阳,可以放在室外。 3. 养护分类,明确需求。 不同的植物需要给予不同的养护,给薄荷、绿萝多浇水,给文竹少浇水,让薄荷多晒太阳,把绿萝、白掌放在室内。	       
(三)逐一图解,认识植物养护百宝箱	1. 呈现工具,猜测用途。 妈妈准备了植物养护百宝箱,里面有剪刀、抹布和水壶。它们分别有什么用处?	

续表

主要环节	活动过程	微课素材
	2.图片解说,阐明用途。 　　用剪刀将枯黄、变色的叶片剪干净,不让植物的养分流失。 　　用抹布轻轻擦拭植物的叶片,清除正面和反面的灰尘。 　　定期用水壶为植物补充水分,每次沿着花盆的边缘浇水。	
（四）感知欣赏,体验绿色植物益处多	绿色的盆栽植物不仅能装饰我们的生活,还能吸收空气里的有害物质,释放氧气。当我们眼睛不舒服的时候,看看绿色植物,能缓解眼睛疲劳,保护视力!	  

五、设计特色

1.教学内容贴近幼儿生活。

自然角是不可忽视的班级环境,结合幼儿日常观察记录的经验,基于幼儿自发性活动的兴趣点,确定本次教学活动的内容。在活动中,幼儿能积极回忆并调取自己的已有经验,通过感知、操作和体验,切实有效地解决实际养护问题。

2.教学方法符合幼儿年龄。

中班幼儿思考方式以具体形象思维为主,本活动借助了同龄角色瑶瑶与妈妈、植物小博士之间的互动,生动形象地阐明植物养护的技巧与方法,帮助幼儿深入理解。通过形象的动态观察、分类判断等形式,逐层化解教学难点,突破教学重点。

3.教学过程具有可操作性。

本次教学过程设计,将植物养护这个"泛泛而谈"的知识点转化为"亲身体验"的操作游戏。幼儿具有解决"困难"的能力,并为其实际生活经验的增长做了良好的铺垫。

有趣的泡发

宁波市鄞州区中河街道格兰云天幼儿园　刘莲莲

一、适用对象

中班幼儿

二、活动背景

很多教师由于职业关系,经常嗓子疼痛,喝水时会在杯里放一颗胖大海,这时候边上的小乐见了惊喜地喊到:"哇,你们快来看,老师的杯子里有个奇怪的东西。"很快地,几个孩子都围了过来,七嘴八舌地谈论胖大海,炸开了锅。其实,在我们生活中有很多能泡发的食品,陈鹤琴先生说:课程来自于生活。那作为引导者的我们应及时抓住生活中的素材,尝试运用"做中学"的教育理念,引导幼儿通过自己的探究和发现,获得泡发的相关经验。本微课就借胖大海,带领孩子们进行一次有趣的泡发之旅吧!

三、活动目标

1.对泡发现象感兴趣,愿意动手尝试泡发食品。

2.感知常见的可泡发食品在水中由小变大的有趣现象,探索发现食物泡发的速度、程度和水温有关。

四、活动过程

（一）实物激趣，感知特征

1.师：今天我为大家带来了一样宝贝，它悄悄地藏在老师的手心里呢！（打开手）是什么呀？

2.（出示干胖大海）师：你们认识它吗？每个人都拿一个，请你们看一看、摸一摸、闻一闻。它看起来怎么样？

幼儿自由探索：摸一摸、闻一闻。椭圆形两头尖，摸起来表面很粗糙、很硬，闻起来有股中药味。

小结：它的名字叫胖大海，是一味中药。喉咙不舒服的时候泡着喝，你的喉咙就会舒服很多。

（二）操作实验，验证结果。

实验一：观察胖大海在热水冲泡下的现象

1.师：如果现在我们把胖大海放到水里去，猜猜看它会有什么变化？我们一起来试一试。

2.幼儿观察胖大海在热水中的变化情况。

师：胖大海怎么啦？

幼：哇，胖大海变大啦，边上还有泡泡。

3.师：和刚进入水中的胖大海相比，现在的胖大海变得怎么样啦？

幼：胖大海变胖啦，胖大海变得像海绵一样啦。

师：你摸摸看。

幼：泡过水的胖大海软软的，没泡过水的胖大海硬硬的。

实验二：泡发黑木耳、枸杞、白菊花、茶叶、胡萝卜、葡萄

1.展示材料，幼儿预测。

师：除了胖大海，我还为大家带来了许多不一样的材料。我们一起来认识一下它们，有黑木耳、枸杞、白菊花、茶叶、胡萝卜、葡萄。

师：这是什么？看起来怎么样？如果把它们放进热水里，它们会像胖大海一样变得大

大的吗？我们来猜猜看。

师：我现在把大家猜测的内容记录下来。黑木耳会不会变大？到底会不会呢，我们一起动手试试看就知道了。

2. 幼儿操作、观察。

3. 记录发现、分享发现。

师：晒干后的东西被水泡过后都会吸满了水分，变得胖胖的，而这些新鲜的东西有没有被泡发啊？我们一起想想，人们为什么要把这些可以食用的材料都晒干呢？

4. 观察这些被晒干的食品新鲜时候的样子，进行对比。

（三）延伸

1. 师：为什么要把这些新鲜的材料晒干呢？
2. 师：我们回去问问爸爸妈妈，或查查互联网上的资料，下次我们再来一起探索奥秘。

记录表：

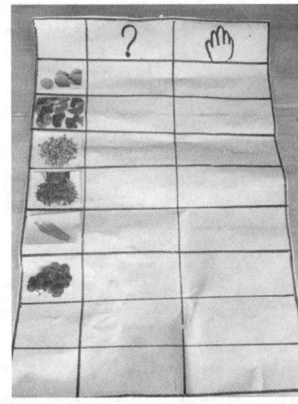 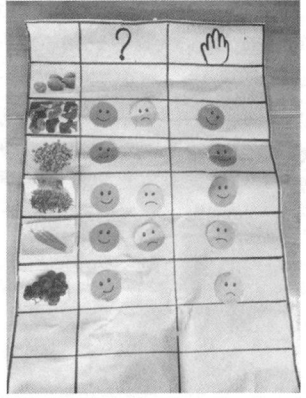

五、设计特色

1. 取材生活化。

所有取材来源于生活中的实物，和孩子们息息相关。特别是活动中的胖大海，虽然孩子们并不了解它，但是它源自于孩子在生活中的发现。胖大海夸张而又特殊的吸水现象是一个很典型的泡发现象，为孩子提供了良好的观察对象。

2. 泡发形象化。

整个活动以胖大海为切入点，通过看一看外形、闻一闻味道发现胖大海的直观特征，但这并没有很大的特别之处。当胖大海遇到热水以后，神奇的吸水现象发生了，这一现象紧紧把孩子的眼球抓住了。

3.结果实验化。

以胖大海为引子,从胖大海的神奇吸水现象引申到黑木耳、枸杞、白菊花、茶叶等生活中常见的材料,让孩子们在动手实验中感受有趣的泡发现象。

酸酸甜甜的杨梅

慈溪市博爱幼儿园　吴云芝

一、适用对象
大班幼儿

二、活动背景
慈溪素有"中国杨梅之乡"的美称。每年六月,梅农们便忙得热火朝天。一颗颗鲜嫩甘甜的杨梅挂在枝头,游客只需采摘下来就能直接品尝。小朋友们都有吃杨梅的经历,他们对杨梅都有一定的了解。这是一个绝好的活教材,本活动的设计就是在此基础上,通过看、摸、尝、说等感知活动,让幼儿对杨梅有更深刻的认识,进一步了解杨梅的外形特征、品种以及生长轨迹等,激发幼儿喜爱杨梅、热爱家乡,乐于主动探索身边常见事物奥秘的美好情感。

三、活动目标
1. 通过观察、触摸、品尝和比较,了解杨梅的外形特征、品种以及生长轨迹等。
2. 知道杨梅有营养,喜欢吃杨梅,对家乡产生自豪的美好情感。

四、活动过程

(一)"认一认"杨梅宝宝(看)

1.(提供杨梅特写图片)师:小朋友们看,今天老师给大家带来了什么呢?

师:对呀,这是杨梅!我们先一起来听听杨梅宝宝的自我介绍吧。

2.杨梅宝宝:我叫杨梅,是一种水果,来自杭州湾跨海大桥的南岸。我的家乡慈溪素有"中国杨梅之乡"的美称,我已经有7000多年的历史啦。我在慈溪的兄弟姐妹很多,有荸荠种、早荠蜜梅、早大种、凤欢种……我的身形很大,核很小,肉质细嫩,汁多味浓,既可以生吃,也可以加工成杨梅酒、杨梅汁、杨梅酱,深受人们的喜爱。

师:小朋友们,听了杨梅宝宝的自我介绍,你们喜欢杨梅吗?

(二)"抱一抱"杨梅宝宝(摸)

1.请幼儿自主挑选杨梅放到果盘里,自主摸一摸、比一比杨梅。(照片形式展示)

师:小朋友们,你们觉得杨梅的颜色和大小有什么不同?摸上去是什么感觉?

2.幼儿相互交流,代表发言。

3.师:有的黑红,有的白色,有的红色淡淡的,有的红色深深的……杨梅表面很粗糙,形状圆圆的,大小像桂圆一样,全身长着小刺,有点软。

(三)"亲一亲"杨梅宝宝(尝)

1.师:(出示杨梅核的图片)这是什么啊?(杨梅核)你们知道这小小的杨梅核是怎么长成大大的杨梅宝宝的吗?让我们继续听杨梅宝宝来告诉我们吧。

2.杨梅的生长轨迹。

杨梅宝宝:我一共要长大5次。第一次是幼果期,在我1个月大的时候,我不断吸收营养,迅速膨大。第二次是硬核期,我的果核会由软变硬,身上还会发出一股独特的清香。第三次是膨大期,我会大口大口地吸收阳光和雨露,变得更大更香。第四次是转色期,我从白色变成了绯红色。第五次是成熟期,我从紫红色变成了紫黑色,变得甜甜的,可好吃了。

3.师:我们了解了杨梅宝宝的生长过程,那你们知道杨梅都有哪些种类吗?

根据回答逐一出示PPT图片:荸荠种、早荠蜜梅、早大种、凤欢种,还有一种是我们生活中不怎么常见的白杨梅。

4.请幼儿尝一尝杨梅。（以照片的形式展示）

师：小朋友们，我们已经对杨梅宝宝非常了解了，现在让我们一起来尝一尝吧！

师：小朋友们品尝了杨梅，你觉得杨梅是什么味道的呢？（酸、甜）

（四）"夸一夸"杨梅宝宝（说）

1.师：小朋友们，你们知道杨梅除了好吃以外，对我们的身体有什么好处吗？

2.师：杨梅有很高的营养价值，还有良好的药理作用。吃杨梅可以消暑止泻、解渴止咳、促进消化等。杨梅可真是好宝宝，你们喜欢它吗？

五、设计特色

作为大班的科学活动，从幼儿的视角将杨梅宝宝拟人化，通过杨梅宝宝的自我介绍来吸引幼儿主动了解杨梅的外形特征、品种以及生长轨迹等。通过认一认、抱一抱、亲一亲、夸一夸等感知活动，让幼儿与杨梅宝宝亲密接触，在观察、比较、讨论中进一步加深对杨梅的认识。幼儿通过观察杨梅颜色，并根据杨梅颜色的变化初步了解杨梅的生长轨迹。为了让幼儿全面了解杨梅，不仅要了解杨梅本身，还要知道杨梅的营养价值及其药理作用。本活动从点到面，积极调动幼儿认知并喜爱杨梅，在自主观察和积极交流中自然生成对杨梅的全新认识，从喜爱家乡的水果滋生出为家乡自豪的美好情感，让栽种在幼儿心中的热爱家乡的种子也像杨梅生长一样慢慢熟红，越发甘甜。

小橘灯

宁波市镇海区庄市街道中心幼儿园　张　丹

一、适用对象

大班幼儿

二、活动背景

生活中有许多蔬菜水果在失去食用价值以后，往往会被人们丢弃，但是这些不能食用的蔬菜水果还是有很多隐形价值的。为了进一步提升幼儿的环保意识，激发幼儿对科学活动的兴趣，并深入挖掘日常生活中的科学现象，我们根据幼儿的生活经验与认知特点，开展了"小橘灯"科学探索活动。

本微课旨在让幼儿初步感知和了解将锌片和铜片用导线正确地连接蔬果后是可以产生电流的。整个活动通过观察探索、思考猜测、难度递增的实验操作和合作交流等形式展开，让幼儿对身边的科学现象产生浓厚的兴趣，感受到神奇的科学就在身边，同时更加深刻地认识到环保生活的乐趣与重要性。

三、活动目标

1. 通过活动了解"水果蔬菜会发电"的科学小知识，感知回收利用、节能环保的力量。
2. 学会用正确的串联方法对水果进行串联，从而达到发电的效果，感受实验的快乐。

四、活动过程

(一)动画引入,激发兴趣

教师播放动画,幼儿进行观看,引出活动主角,激发幼儿参与兴趣。

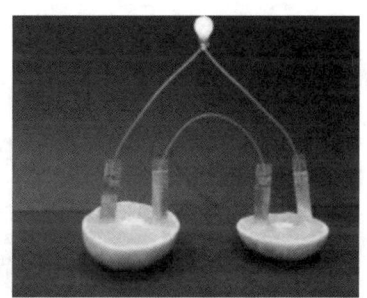

(二)实验操作,感知蔬果发电

1. 通过图片呈现,幼儿观察发现连接方法。

(1)一根导线上的两个金属片要分别插在两块蔬果中。

(2)一块蔬果上的金属片颜色是不一样的。

2. 操作一:初步感知[橘子每人2个、带金属片的导线每人2根(其中一根带灯珠)]。

(1)幼儿操作,教师观察指导。

(2)分享操作结果。

3. 操作二:提升(苹果每人3个、导线每人3根)。

(1)出现三个苹果,提出疑问:我们三姐妹可以让小灯珠发光吗?

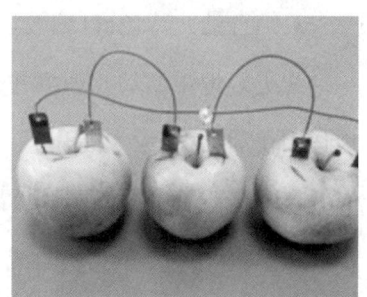

(2)幼儿操作,教师观察指导。

(3)分享、比较操作结果。

①提问:成功了吗?你是怎么操作的?

②教师将幼儿的操作成果拿来,找出问题。

③再次以视频分享的方式总结操作方法。

④对幼儿先前的操作情况进行适当调整后,再次进行操作。

4. 操作三:竞赛游戏(蔬果4个,导线每人4根)。

(1)刚才我们用2个橘子和3个苹果进行发电,都成功了!那如果用四个不同的蔬果宝宝呢?让我们一起再来试试吧!

（2）幼儿操作验证。

（3）分享总结。

经过实验操作，我们发现这里的所有材料都会发电，由此可见蔬菜水果真是发电的环保材料呢！

(三)拓展延伸

通过实验，我们发现原来蔬菜水果也能发电。那生活中你们还见到过什么物体是可以发电的呢？

五、设计特色

1. 融科学与环保为一体。

活动将现代生活所倡导的"环保"和"科学"做了紧密的融合，让幼儿在科学学习中懂得环保的重要性，在环保操作中感知科学的奥秘与神奇。

2. 化难为易，玩转趣味科学。

活动通过卡通形象呈现，结合趣味对话，融入图片和视频，让幼儿快速了解蔬果发电的方法和秘密，达到了化深奥为趣味的效果。

3. 结合幼儿特色，自编教学儿歌。

为更好地帮助幼儿理解并操作，我们根据操作特点自编了简单易懂的儿歌，并很好地运用在活动中，大大提升了实验的成功率。

4. 围绕一个中心，环节设置层层递进。

正确"串联"是本次实验成功的关键，所以活动中我们以"串联"为中心，设计了2个、3个、4个蔬果这样层层递进的学习方式，让幼儿在学会发电的同时得到更好的提升。

杨梅乡里杨梅酱

慈溪市早期教育中心　吴奶儿

一、适用对象

中班幼儿

二、活动背景

源自乡土、源于生活的内容。本活动选取的材料是"接地气"的杨梅,杨梅酱的制作更有一番学问在其中,值得孩子们探究,从吃到做,揭开其"庐山真面目"。

从新鲜好吃的杨梅到美味诱人的杨梅酱,中间要经历哪些程序,需要哪些操作,对于善于探究、乐于体验的幼儿来说,他们特别想用自己特有的探索方式去深入探究。当他们捣鼓着捣臼,挤压着纱布囊,推着石磨,他们会有"发现新大陆"般的惊喜与成就感。

三、活动目标

1. 尝试运用多种方法自制杨梅酱,培养积极探究的精神。
2. 初步了解杨梅酱的制作方法,体验动手的乐趣。
3. 知道杨梅是我们家乡的特产,萌发对家乡的热爱之情。

四、活动过程

(一)玩一玩——探索和自制杨梅酱

    1. 任务引入。

    老年公寓的爷爷奶奶很想尝尝丰收的杨梅。可爷爷奶奶年纪大了,整颗的杨梅他们没法吃,怎么办呢?你觉得哪种杨梅制品最适合爷爷奶奶吃?

    是的,又软又甜的杨梅酱最适合爷爷奶奶吃了,今天让我们试着为他们制作美味的杨梅酱吧!

    2. 观察与介绍。

    工作台上有捣臼、石磨、筷子、勺子、纱布、切刀、小碗等工具,请你选一选工具,做一做杨梅酱,看一看你有什么发现。

    3. 探索与操作。

    幼儿分组探索与操作,教师观察各组幼儿表现,在必要的时候及时给予幼儿适时的指导与帮助。

    4. 交流与发现。

    刚才小朋友们用很多方法做出了美味的杨梅酱,你用的是什么工具,又是怎么做的?

    根据幼儿的回答,逐一出示制作的方法图谱,并简略地讲解:

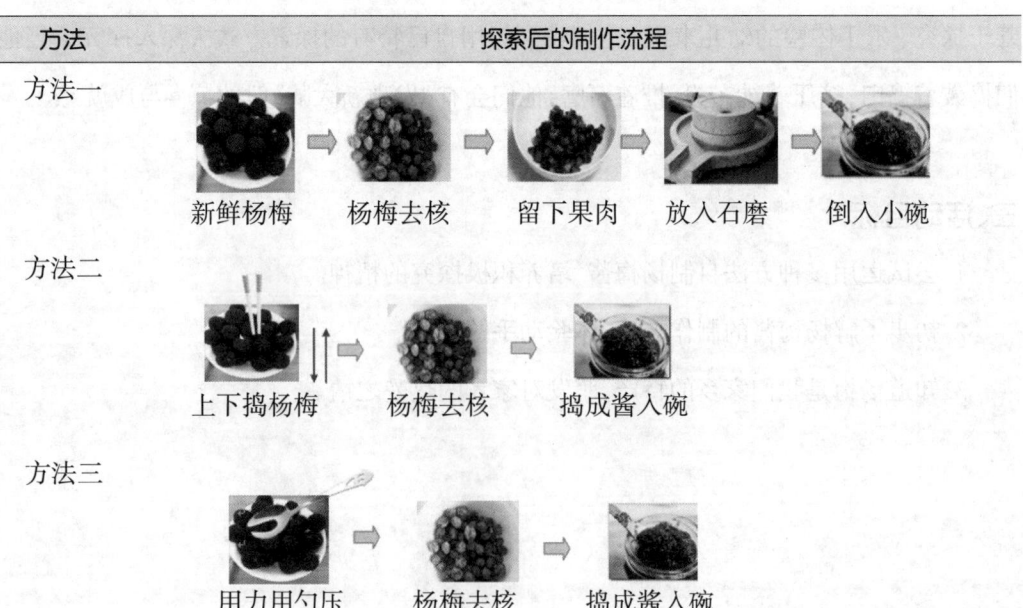

方法	探索后的制作流程
方法四	
方法五	

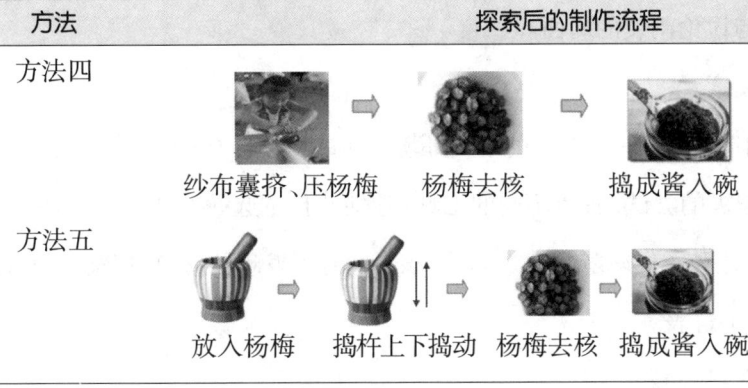

方法四：纱布囊挤、压杨梅 → 杨梅去核 → 捣成酱入碗

方法五：放入杨梅 → 捣杵上下捣动 → 杨梅去核 → 捣成酱入碗

5. 教师小结

制作杨梅酱的方法有很多种，小朋友想出来的方法真棒！我们总结了一下，做杨梅酱最主要的步骤有：把杨梅压扁，然后捣碎，接着取核，最后搅拌，即可制作成美味的杨梅酱。

（二）做一做——观看和再次制作杨梅酱

1. 观看图示，掌握方法。

请你想一想，哪种工具做起来又干净又卫生？你最喜欢哪一种？我们再一起来看一看，做一做。

把一定数量的杨梅放入捣臼，用小木槌上下捶打杨梅，等到杨梅的果肉和杨梅核分离的时候，将杨梅核取出放在旁边的小碗里，继续捣动、搅拌红色的果肉，直到变成杨梅酱。

2. 幼儿操作，教师指导。

经过大家的交流和图示的帮忙，让我们用最棒的工具、最好的方法再来为爷爷、奶奶做更多的杨梅酱吧！

五、设计特色

1. 玩中讨论，讨论中玩。

以往的教学活动，在放手让幼儿游戏之前，往往把幼儿当成小大人，让幼儿先讨论怎么玩，再一起玩。其实，这不符合幼儿的年龄特点和认知规律，他们只有在实际的操作中才能获得感性经验,继而才有表述的可能。活动中,要注重让孩子边玩边讨论,在讨论中解决问题,打破以往玩与讨论割裂的局面。

2. 乐中学习,喜中摸索。

活动中要为幼儿创造一个自由、宽松的学习环境,但如何为孩子创设这样一个氛围呢?本活动,教师做了积极的尝试,提供不同的工具,让幼儿自主选择工具。宽松的探究氛围、快乐摸索的空间,让孩子们陶醉其中。你看,孩子们有了发现的喜悦、探索的惊奇,这些让孩子们的快乐溢于言表。

3. 师幼合作,探究学习。

教师始终以玩伴的身份和孩子共同合作、共同探究、共同体验、共同分享。教师是支持者,为孩子提供做杨梅酱的经验支持和"技术支持";教师是合作者,以合作伙伴的身份参与孩子的摸索探究;教师是引导者,以本活动的目标为导向指引幼儿不断朝预期的教育目标发展。

瓶中吹气球

余姚市四明幼儿园　潘姝敏

一、适用对象

大班幼儿

二、活动背景

气球，对于幼儿来说是再熟悉不过的东西，幼儿园会挂气球，组织游戏时会玩气球。在日常生活中，大部分幼儿也都有过吹气球的经验，但很少会把气球放在瓶中吹，对此幼儿都表现出强烈的好奇心和兴趣。本活动意在引导幼儿在猜测、探索的过程中，体验、感知在瓶中吹气球与瓶中空气压力之间的关系，培养幼儿从小爱观察，能如实记录实验结果的习惯，以及大胆地用语言表述自己的探索发现，使幼儿体验到科学发现的乐趣，激发幼儿进一步探索用其他方法在瓶中吹气球的欲望。

三、活动目标

1. 通过猜测、探索知道能否将瓶中的气球吹大是与瓶中空气压力大小有关的。
2. 能大胆地表达自己的发现，体验科学发现的乐趣。

四、活动过程

【活动准备】

大小不同的塑料瓶若干,将气球放入瓶中,并将气球口反套在瓶口上,容易吹起来的气球若干、记录表、图示。

(一)引出课题,激发兴趣

1. 看,这是什么?怎样可以让气球变大?

2. 大家都说可以用吹的方法。好,那我就来试一试,我对准气球嘴用力地吹气球。

3. 原来用吹气的方法可以让气球变大。

(二)猜测、探索瓶上套气球能否让气球变大

1. 幼儿猜测。

如果我把气球套在瓶子上,能不能让它变大呢?(出示记录表,幼儿猜测,教师记录)

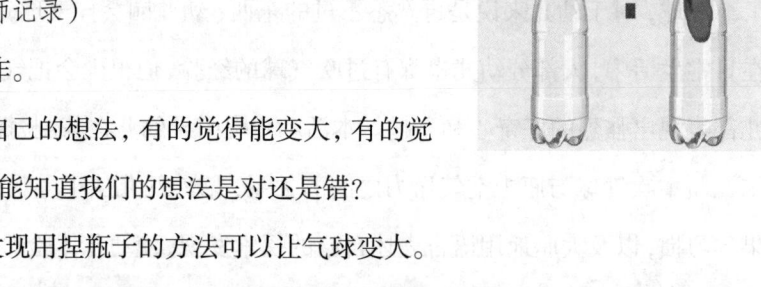

2. 幼儿第一次操作。

每个小朋友都有自己的想法,有的觉得能变大,有的觉得不能变大,怎么样才能知道我们的想法是对还是错?

你发现了什么?发现用捏瓶子的方法可以让气球变大。

瓶中充满了空气,当用力捏瓶子时,里面的空气都被挤到上面,也就是气球里,所以气球能变大。

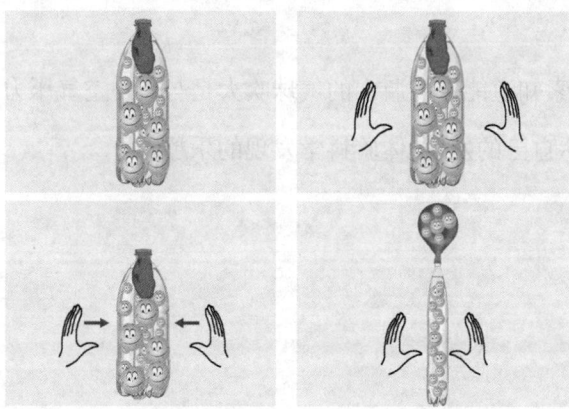

3. 把气球塞到瓶子里面去,气球能不能被吹大? 为什么吹不大? 是什么原因呢?

(根据幼儿的猜测,教师逐一示范)潘老师力气比你们大多了,吹得脸都红了,气球还是吹不大。

(三)再次探索,第二次实验

1. 有没有好办法将瓶中的气球吹大呢? 我来给你们变个魔术吧。

2. 教师用"魔术盒"遮住,进行"魔术"。

3. 将瓶子拿出,让幼儿检查瓶子,请幼儿猜测能不能把气球吹大。教师演示将气球吹大。

4. 你们知道我是怎么做到的吗?(幼儿猜测)

5. 魔术的秘密藏在道具里,请一名幼儿来看"魔术盒"里面有什么。

就是这个安全钉在我的道具上做了手脚,你觉得安全钉可以做什么手脚呢?

6. 安全钉应该戳在哪里?(若说到戳气球,教师演示,让幼儿感受气球破了后空气就从洞里漏出来了)到底戳在哪里?(教师演示吹气球,让个别幼儿感受)

原来戳安全钉是有讲究的,请你试一试。

7. 幼儿第二次操作:使用安全钉,将瓶子戳个洞,然后尝试将气球吹大。

8. 为什么瓶子有洞后里面的气球能够吹大呢?(再次操作,将手放在瓶上戳了洞的地方,感受到有空气从瓶子里跑出来。用手捏住洞洞然后放开,你会有什么感觉?)

9. 教师小结,利用图示讲述。

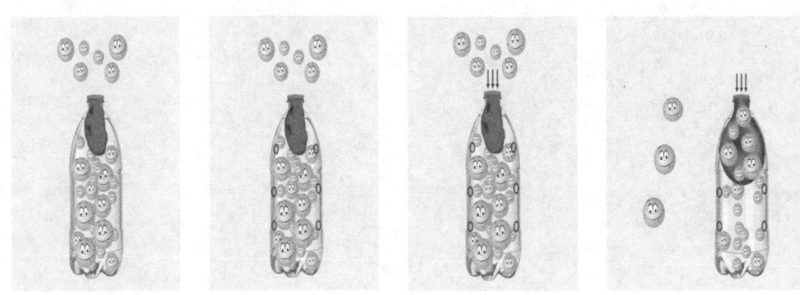

你看懂了吗?

原来,瓶子里充满了空气。瓶子没有洞时,我们吹气球,瓶子里的空气因为挤不出去,影响气球变大,所以气球吹不大;瓶子有洞时,我们吹气球,瓶子里的空气受到我们吹的力的挤压,从小洞里被挤了出去,气球就慢慢变大了。

(四)进一步探索

我们已经知道了瓶中吹气球的秘密,有什么办法可以让气球吹得又快又大呢?回去后再试一试。

我的植物我做主

宁波市李惠利幼儿园　忻罗增

一、活动对象

大班幼儿

二、活动背景

在我们生活中,到处都有植物,孩子们对此已经习以为常,对于自然角的植物也常常是抱着观望的态度。如何更好地让孩子们参与到自然角植物的种植当中去?本活动通过绘本阅读、经验分享、自主种植、交流分享等方式,让孩子们真正地带着"我做主"的意识参与到养护植物的活动中来。

三、活动目标

1. 通过阅读、讨论、交流、实践等方式了解种植植物的方法,表达对种植植物的愿望和想法。

2. 能按照自己的意愿来进行种植活动,萌发关爱、养护植物的美好情感。

四、活动过程

【活动准备】

1. 物质准备:绘本《安的种子》节选 PPT,种子发芽成长所需的关键条件的图片,幼儿种植使用工具,各种种子。

2. 经验准备:对植物生长有初步的了解。

(一)猜测绘本,交流自己的种植经验

教师讲述绘本《安的种子》,提问:谁能把种子种大,为什么?如果你有一颗种子,你想把它种在哪里?

(二)阅读绘本,获得植物生长所需的关键条件

1. 知道植物是要在合适的季节和温度下才能成长。

(1)将绘本中三位小朋友的种植结果展示出来。

(2)提问:为什么安最后种出了莲花?他在什么季节种下植物的?

(3)小结:原来植物最合适的发芽季节在春天,这个时候天气转暖,适合种植。

2. 了解植物的生长需要空气、水、阳光

(1)教师讲述静种植、养护种子的过程。

(2)提问:为什么静的小幼芽没几天就枯死了?

(3)幼儿讨论回答,教师小结:原来,植物的生长离不开阳光、空气、水,植物是需要在合适的季节里种下,再加上小心翼翼地养护,才能长大。(教师展示植物生长所需要的条件的图片)

(三)视频观看,了解植物种植的方法并进行尝试

1. 视频播放:园丁示范种植植物的方法。

2. 梳理步骤:请你来说说刚才园丁伯伯是怎么做的?

3. 小结:种植植物的顺序(松土、挖坑 — 放种子 — 埋土 — 浇水)。

4. 幼儿自由进行种植活动,教师在旁观察、帮助。

(四)分享交流,丰富植物养护的经验

1. 提问:我们的植物种好了,需要耐心等待它们发芽。这期间,我们还可以做些什么事呢?

2. 幼儿讨论分享养护植物的方法：浇水、带植物晒晒太阳等。

3. 教师提供养护的建议：通风、晒太阳、松土、浇水等。

五、延伸活动

在自然角专门开辟种植栏，提供植物养护记录表，请幼儿进行记录与展示，并在每周安排一个快乐分享时间，交流种植过程和成果。

艺术与表现

百变手印画

象山县春晖幼儿园　康海燕

一、适用对象

中班幼儿

二、活动背景

罗恩菲尔德倡导教师不应干涉儿童美术的学习,不要试图教儿童如何画画,而应按照其发展的阶段及年龄特点,为他们提供自我表现的机会,选择适当的表现主题与材料,引起并维持儿童创作的动机,让他们自由自在地以自己的速度、自己的方式进行自我表现,发展美术能力。罗恩菲尔德认为这种自我表现的过程远比表现出来的结果更重要。手印画是一种特殊的绘画形式,它直接用手掌、手指各部位蘸水粉颜料作画。教学活动的形式与方法相对比较自由、灵活多样,能让幼儿体验到玩的乐趣,在玩玩画画的过程中感知手形的多变和组合会带来不同的印画效果。通过眼、脑、手并用,发展幼儿手部肌肉群,加深对事物的记忆能力,使幼儿身心愉快,也正好符合罗恩菲尔德倡导的儿童美术学习理念。

三、活动目标

1. 运用多媒体的多种教学手段,引导幼儿在自己印制的手形上添画出新颖的形象。
2. 鼓励幼儿大胆想象、尝试,发展幼儿想象力和创造力。

四、活动过程

(一)视频引题

以孩子们熟悉的巧虎形象引出话题,通过观看动物手影视频感受手影游戏的有趣,以及手形变化的奇妙。

巧虎:亲爱的小朋友,大家好,我是巧虎。你们玩过手影游戏吗?让我们一起来看看吧!(手影视频)

(二)思维转换

对孩子而言,手印画的学习比手影游戏的学习来得更形象更容易一些,通过在自己印制的手形上添画的方式,鼓励幼儿大胆想象、尝试,创造新颖的形象。

巧虎:是不是很有趣呢?如果把手影的样子画出来,又会怎样?一起来试试吧!(示范画画)

1. 示范画小兔子。

巧虎:看看这只手的形状,像什么?画出来看看!用笔从最外面手的轮廓开始,仔细地沿着手的形状画,一直画到最后一个手指。好了,这个形状好像小兔子,再画上小兔子的眼睛和嘴巴,太有趣了,让我们把小兔子变得更漂亮吧。太奇妙了,我们的小手还能变什么呢?

2. 示范画小狗。

巧虎:这个手形会变成什么?快来看看。(画轮廓的镜头速度慢一些,添画、上色的镜头可以拉快)变成了一只小狗,太有趣了。让我们给小狗上点颜色。

(三)作品欣赏

通过手形变化、轮廓想象、添画三步骤,让孩子掌握绘画要点,拓展想象。

巧虎:小朋友,这就是手印画,跟着我们一起来试试吧!(作品步骤欣赏)

五、设计特色

　　本微课从幼儿极为感兴趣的手影游戏入手,通过不同的动物手影感受手形的多变和组合所带来的新奇和有趣,让幼儿愿意去尝试。可是手影变幻对很多幼儿园孩子来说还是有一定难度的,特别是手的组合。借用手影游戏的原理,我们巧用了手印画的方式,让幼儿摆弄简单的手形,用勾线笔勾勒出轮廓,然后根据轮廓特点进行创作添画,最重要的是这种绘画方式对幼儿的技能要求不高,更多的是给幼儿一种自由、玩耍、想象的空间。为更好地解决难点,本微课从三方面入手:其一,通过示范画小兔和小狗,让幼儿掌握基本的绘画步骤;其二,通过多个范例展示,让幼儿模仿学习,拓展思维;其三,以手形、轮廓、成品三步骤逐一展示范例,每个步骤图片停留的时间长短也有所不同,其目的是给幼儿有思考和想象的空间。考虑幼儿园孩子的年龄特点,他们喜欢形象有趣的东西,所以本微课运用了巧虎、手影视频等元素吸引幼儿的兴趣,让孩子们能一边看着有趣的微课一边动手玩一玩。

小蝌蚪找妈妈（超轻黏土）

象山县春晖幼儿园　陈潇潇

一、适用对象

中班幼儿

二、活动背景

《小蝌蚪找妈妈》这个故事对于幼儿来说是耳熟能详的，在微课演示中我们加入了情境创设、角色表演，以此激发幼儿的学习兴趣。这样幼儿不但欣赏了特别的黏土玩偶表演，同时还能在其中学习小蝌蚪和小青蛙的制作方法，成功地解决了黏土成品的处理和展示问题。给幼儿完成后的黏土作品添加辅助材料，再次投放到班级的故事表演区，让幼儿用自己制作的黏土玩偶进行故事表演，大大提高了幼儿学习和游戏的兴趣。

三、活动目标

1. 通过欣赏微课内容，自主学习用超轻黏土制作蝌蚪变青蛙的过程。
2. 激发幼儿创作的兴趣，为幼儿自主进行故事表演做基础。

四、活动过程

（一）画面1：池塘中青蛙妈妈在产卵（教师边用超轻黏土制作，边开始讲述故事第一部分）

黏土角色：一只青蛙、一群青蛙卵。

旁白：春天来了，青蛙妈妈悄悄地在池塘里产下了一堆卵。这些卵黑黑的、圆圆的、软绵绵的，可爱极了！它们动呀动，正在努力长大呢！它马上就要变成一只可爱的小蝌蚪了。

幼：咦？老师，小蝌蚪是怎么变出来的呢？

师：你想知道吗？那我们一起来学一学吧。

（镜头切换，近景拍摄教师示范过程）

师：首先，取出适量的灰色黏土将它搓成球形，然后在球形的一边用手捏出一部分做出一条细细的尾巴，将它弯一弯，看！小蝌蚪像不像在游泳？

幼：它的尾巴好像在动呢！可是老师，它还没有眼睛呢！

师：好，我们接下来做眼睛。取出适量白色黏土和少量的黑色黏土，分别搓成球形并用手指压扁，将黑色叠放在白色上做成眼睛，贴在蝌蚪脑袋的两边。你瞧，一只可爱的小蝌蚪就完成了！

幼：真好玩，我也要试一试做一只小蝌蚪。

（二）画面2：小蝌蚪第一次找妈妈（更换背景，拍摄故事画面）

黏土角色：一群小蝌蚪、一条大鲤鱼。

旁白：卵宝宝都变成了可爱的小蝌蚪啦，可是它们却发现妈妈不见了，它们决定要去找妈妈。它们一起游啊游，遇见了一条大鲤鱼，小蝌蚪急忙跑上去问：你有和我们一样的大眼睛，请问你是我们的妈妈吗？大鲤鱼说：不是，我不是你们的妈妈！你们的妈妈不但有大眼睛，还有四条腿呢。小蝌蚪说：真的吗？可是我们没有腿啊？大鲤鱼说：别担心！你们的腿很快就会长出来了，快到前面去找妈妈吧！

幼：老师，小蝌蚪的腿是怎么变出来的呢？

师：现在我们就把小蝌蚪的腿变出来吧。（切换至近景拍摄）

师：取出适量的灰色黏土，然后将其搓成长条形，用工具小刀切成同样长短的四段，再将每段搓成一头细一头粗，用食指在粗的那头将黏土稍稍压扁，然后用工具小刀切上短短的两刀，小蝌蚪的一条腿就做出来啦！用同样的方式继续完成另外的腿，我们先贴上两条后腿，再贴上两条前腿，再次利用工具小刀切掉尾巴。你看，变出腿的小蝌蚪越来越像小青蛙了吧？

幼:嗯,是的,老师!它快变成一只会蹦会跳的小青蛙了!

(三)画面3:小蝌蚪第二次找妈妈(更换背景,继续讲述故事)

黏土角色:一群已经长出腿的小蝌蚪,一只乌龟。

旁白:小蝌蚪们长出腿,这下游得更快了!它们游啊游,遇见了一只乌龟,小蝌蚪连忙跑上去问:妈妈,妈妈,你是我们的妈妈吗?乌龟说:不是!我不是你们的妈妈,你们的妈妈不但有四条腿,身上还有绿绿的花纹,肚皮白白的。小蝌蚪说:真的吗?可是我们身上没有绿绿的花纹和白白的肚皮呢!乌龟说:别担心!你们马上就会变得和你们妈妈一样了!快到前面去找妈妈吧!

幼:老师,小蝌蚪身上还没有绿绿的花纹和圆圆的白肚皮,它们会不会找不到妈妈?

师:别担心!我们赶紧让它变成青蛙妈妈的样子吧!

师:取出少量的绿色黏土,将其搓成细细的长条形,切成三段贴在蝌蚪的背部。再取出适量白色黏土搓成球形,将其用拇指压扁,贴在蝌蚪的腹部。

幼:真是太棒了!

(四)画面4:小蝌蚪找到妈妈啦(更换背景,故事讲述完整)

黏土角色:快长大的小蝌蚪,青蛙妈妈。

旁白:小蝌蚪游啊游,它们遇见了一只青蛙。小蝌蚪问:妈妈,妈妈,请问你是我们的妈妈吗?青蛙说:傻孩子,我就是你们的妈妈呀!小蝌蚪说:咦!妈妈,那为什么我们和你长得不一样呢?青蛙说:没关系,你们过段时间就会长得和妈妈一样了!小蝌蚪高兴地说:我们找到妈妈啦!我们找到妈妈啦!

幼:太好了!小蝌蚪终于找到妈妈了!

(五)片尾(切换至全景拍摄)

幼:老师,为什么你做的这只小青蛙会动呢?

师:因为老师有一个秘密武器。你看,这是什么?(出示小圆片形状的磁铁)

幼:是磁铁?

师:对,我让小蝌蚪动起来的秘密武器就是这个小磁铁,在完成每个作品的时候,我们将这个磁铁轻轻地按进黏土作品底部,你看就像这样!然后等作品成型了,我们就可以在隔板底部放一块更大的磁铁,这样你做的所有作品就都能愉快地动起来了。我们一起试一试吧!

幼:原来是这样啊。老师我明白了,真是太有趣了!这下我也可以一边讲故事一边给小朋友表演了!

五、设计特色

本微课内容的制作和拍摄有别于其他微课的展现形式。教师在设计内容以及拍摄过程中,将学习内容结合故事表演的形式,使课程变得生动有趣,更加吸引幼儿的注意力,激发幼儿学习的兴趣。同时,为了让微课可以更普及,每个老师都能制作出相关的作品,我们舍去了比较复杂的后期动画制作,让角色在表演中就能动起来,在作品的底部加入一个含铁的镶嵌物,比如螺丝钉之类,可以根据作品大小选择。在进行故事表演时,只要在下面放一块大磁铁,各种角色就能按照你的意愿动起来了!

有趣的鱼拓

象山县石浦镇中心幼儿园　叶　夏

一、适用对象

大班幼儿

二、活动背景

在本节课的教学前,大班幼儿已经对拓印作品有过初步的操作体验,如手脚拓印画、树叶拓印画、印章拓印画等。设计此活动的最初目的,是为了打破过去几种物体拓印成画的局限,让幼儿了解我们身边可制作拓印画的物品随处可见。石浦拥有丰富的渔业资源,各种各样的鱼是孩子们最为常见的。能将身边常见的鱼拓印下来作为一幅艺术作品,对幼儿来说具有较高的教育价值。从美术的角度来说,它不仅可以让幼儿学到一种新的作画方式,还会让幼儿对绘画活动产生一种新的思维方式,让幼儿觉得原来画画还可以这样表现,提升幼儿对艺术美的认识;从科学认识的角度来说,更亲密的接触可以让幼儿对鱼有更全面的认识。

三、活动目标

1.通过欣赏微课内容,自主学习并初步尝试鱼拓的作画方式。

2.激发创作兴趣,感受用鱼拓印的乐趣和美感。

四、活动过程

1. 出示鞋印、手脚印等拓印画，引出拓印的主题。

小朋友，你玩过拓印吗？

2. 出示一幅鱼拓画。

今天，请你来试试用鱼做一幅鱼拓画吧。

3. 出示做鱼拓画的材料画。

做鱼拓画需要哪些材料呢？首先我们要准备一条洗干净的鱼，然后要准备放置鱼的泡沫板，一个放有水的喷壶，水粉笔，颜料，以及拓印用的宣纸。（边介绍边在画面中圈出所需材料）

4. 出示一个"鱼拓画制作过程"视频。

准备好了材料，请你先来看一看老师是怎么做的吧。

（播放视频）

做鱼拓画总共需要 6 个步骤，小朋友仔细听。

第一步，固定鱼鳍，把洗干净的鱼放在泡沫板上，用布擦干，打开鱼鳍，用大头针固定，尾巴也要张开。

第二步，上色，头部和背部的颜色最深，在这里我们涂上深蓝色，鱼肚子浅色，我们涂上白色，这时要注意深色和浅色之间过渡要自然，可以用没有颜色的笔来回刷几下，还要注意鱼眼睛不要涂颜色，鱼鳍和鱼尾涂上黄色。

第三步，盖纸，用喷水壶把宣纸喷湿，然后轻轻地盖在鱼的身上，从尾部开始轻轻地按压，注意不要有褶子，可以用刷子轻轻地刷几下。

第四步，掀纸，手拿宣纸两头，从鱼的头部开始将纸轻轻地掀开，注意要慢慢地掀。看，这时候"鱼"已经在纸上了。

第五步，点睛，用细毛笔把鱼眼睛画上。

第六步，签名，将自己的名字签在空白的地方。

好了，一幅完整的鱼拓画已经完成了，小朋友也来试一试吧。

5. 出示鱼拓画制作步骤图。

看了视频后，让我们来回顾一下做鱼拓画的主要步骤吧。做鱼拓画需要几个步骤呢？对，有 6 个步骤。首先第一步，把鱼放在泡沫板上，用大头针固定鱼鳍；第二步，上色，注意背部到腹部的颜色由深至浅,还要给鱼鳍和鱼尾上色,可以用不同的颜色;第三步,用喷壶将宣纸喷湿后盖在鱼上,并轻轻按压,直到完全服帖;第四步,将宣纸从鱼头处慢慢掀开,注意力度要轻;第五步,在宣纸上给鱼画上眼睛;最后,别忘了在空白处签上自己的名字。这样,鱼拓画就完成了。小朋友,你学会了吗?

6. 出示艺术家的鱼拓画(五张图片依次播放)。

现在让我们一起来欣赏一下艺术家们的鱼拓画吧。

7. 出示拓印在其他物品上的作品。

其实,鱼除了能拓印在宣纸上,也可以拓印在其他物品上。小朋友们,请你们也来试一试吧!

有趣的拓印

宁波市镇海区骆驼街道中心幼儿园　胡凡叶

一、适用对象

大班幼儿

二、活动背景

拓印材料颜色多样，形状、大小都是不同的，通过对拓印多种变换的添画方式，帮助幼儿们开阔眼界，加深对不同事物的认识，提高他们的观察能力、想象力和创造力。

三、活动目标

1. 会用水、蔬果、玩具等生活中的自然材料进行拓印。
2. 会根据拓印的影像，大胆想象并进行合适的添画。
3. 积极参与活动，乐于表现，体验新方法作画的乐趣。

四、活动过程

【活动准备】

各种蔬果、玩具以及各种自然拓印材料、各色水粉颜料、画笔、调色盘、音乐。

(一)谈话导入,激趣引题

1.森林里开了一场音乐会,第一个表演节目的是兔子小姐和她的萝卜弟弟。

2.非常感谢兔子小姐和她的萝卜弟弟的舞蹈。兔子小姐和萝卜弟弟的舞蹈留下了美丽的痕迹。

3.我们一起来听着音乐跳个舞吧!

(二)介绍方法,幼儿拓印

1.教师讲解、示范拓印的方法。

方法一:

①扭一扭(蘸色)。

②舔一舔(因材料不平且蘸色不全,此步骤让材料的每一处都蘸满色)。

③停一停(拿起来停一下,以免稀薄的颜料滴洒)。

④按一按。

方法二:

①在水中很快地滴一些颜料。

②用画针作画,拿起宣纸盖上,让颜料充分地吸附在宣纸上。

③拎起宣纸,呈现一定的影像。颜料吸到了纸上,看看它像什么?

2.幼儿拓印。

(1)你想不想试一试不同的拓印方法?

(2)幼儿操作。

演示抓住幼儿的好奇心,让幼儿很想亲手实践,感受拓印的奥秘。

(3)幼儿讲讲拓印影像像什么?有没有觉得这些影像缺了什么?

能围绕问题大胆想象,积极讲述自己的拓印作品。

(三)大胆想象,适当添画

1.魔幻精灵把小动物们都藏起来了,我们一起帮他们找出来吧。

出示辅助材料——颜料盒、棉签、毛根、绒球等,帮助我们把小动物变出来。

宝贝们转一转,看一看,想一想,摆一摆,试一试。

请把你们看到的小动物们都找出来、做出来吧。

2. 添画要求。

①从不同的方向和角度看像什么造型。

②用棉签蘸颜料添画或用记号笔进行借形想象。

③用过的棉签放在相同颜色的边上,与同伴共享。

④注意操作卫生。

3. 幼儿根据拓印的影像进行大胆添画,教师巡导,提高幼儿的审美情趣。

(四)创设情境,整合作品

1. 帮助小动物们做一个美丽的舞台吧。

2. 运用锅刷、蔬果、小车子等不同的材料创造不同的纹理。

3. 还可以用不同的玩具车进行滚画,变出大树、白云等。

(五)结束活动,主题延伸

1. 生活里有很多拓印的痕迹,你能找到它们吗?

2. 介绍拓印技术的历史。

3. 在活动中我们可以用拓印的方法,创造更多的故事。

五、设计特色

1. 新。

材料来源于生活,让幼儿自由地认看,发现作画材料的不同。让孩子们从材料上感受"新",引发其参与的兴趣;观看不同的拓印过程,感受作画方式的"新",激发幼儿主动参与的愿望。

2. 趣。

"兴趣是孩子最好的老师",在拓印和借形想象添画的过程中,在观察、感受水墨演变的过程中,都带着趣。孩子们通过手工制作、纹理填画、借形想象等不同方式,激发他们自己动手来尝试,为活动顺利开展提供了保证。

3. 活。

顺应孩子需求，及时为孩子提供主动活动的场地。大胆拓印、积极构思、创意添画，孩子们活而不乱，大胆用色，大胆交流，突出了主体性，发展了创造性思维。

4. 美。

让孩子发现美、创造美、体验美是这次活动的宗旨。教师接纳、赞许和分享是对孩子创造添画的最大鼓舞。每个人都在活动中，感受着快乐与美丽。

石头肖像画

宁海县桥头胡中心幼儿园　马阿苏

一、适用对象

大班幼儿

二、活动背景

幼儿园美术活动既要贴近幼儿生活,又要选择幼儿感兴趣的事物,这样有助于拓宽幼儿的视野。随着新的美术课程理念的不断推进,为提升农村幼儿美术创意能力,丰富幼儿的创意美工活动形式,促进幼儿创意思维的培养,特开展了创意石头画活动。

石头肖像画是在凹凸不平的石头上塑造五官造型,有着独特的表现形式——强烈的立体感,幼儿用轻黏土夸张塑造,大胆趣味地表现人物肖像。

三、活动目标

1. 观察并感受人物五官、头部特征,初步理解夸张的含义,根据石头原有形状大胆想象,用轻黏土造型,夸张塑造,大胆地表现人物头像。

2. 体验夸张表现人物头像造型的乐趣与成就感。

四、活动过程

【活动准备】

轻黏土、不同形状的石头若干、视频——夸张的表情。

(一)导入

今天给大家带来了一些有趣的朋友,你们认识吗?我们一起来看看吧!

(二)观看 PPT,进一步理解五官、脸型的夸张

1. 观察动画人物,进一步感受五官的夸张。

(1)哆啦 A 梦:这是谁?你能说一下它与生活中普通的小猫有什么不同吗?

(设计师故意把嘴画得比生活中普通小猫的嘴更大,我觉得它更可爱了)

(2)匹诺曹:看看他的鼻子有什么不同?匹诺曹的鼻子变得更长了,感觉如何?

(3)图图:谁来了?

小朋友们觉得什么是夸张呢?

夸张就是故意放大或缩小主要特征,让大的更大,小的更小,长的更长,少的更少!比如说眼睛特细、眉毛特粗、鼻子特大、嘴巴特小等。

2. 观察动画人物,进一步感受脸部的变形。

(1)现在我要考考你们了,看看这些形象的哪里做了夸张?脸型分别是怎样的?

(2)观看图片,丰富经验:小头爸爸、唐老鸭、愤怒的小鸟、海绵宝宝。

平时我们看到的脸大多都是圆圆的,但是夸张的脸型就会有许多的变化。如长方形、葫芦形、三角形、正方形等。

(三)尝试设计夸张的脸

1. 提出主题。

瞧!我们都知道了,肖像画可以有夸张的五官,还有变形的脸部。今天我们也来做设计师,用轻黏土在不同的石头上,做一个夸张有趣的肖像画。拿到石头想一想,你想做怎样夸张的脸?

2. 提出要求，幼儿制作。

根据石头形状，想好要做的夸张的五官和造型，可根据需要调整石头的方向，然后用轻黏土把它装饰起来，注意色彩的搭配。

3. 活动延伸。

瞧！石头肖像画的制作就是这么简单，而且石头可以重复使用，可以布置环境，也可以进行区域游戏等。石头肖像画具有简便、可重复使用的特点，它在幼儿园环境创设中的运用非常广泛，小朋友们一起来做吧！

五、设计特色

1. 作品的唯一性。

利用石头的形状、纹理特点，每一件作品都是独一无二的孤品。活动后可以在作品墙展示，为幼儿提供互动、自主、开放的活动平台，还可以用于幼儿园的环境装饰布置。

2. 造型的多样性。

突破了立体造型的单一性。巧妙地运用石头形状的特征与脸部变形相结合，重点抓住夸张的五官特征，使石头肖像画显得更生动有趣，更立体鲜明。

3. 永久的保存性。

石头有着不褪色、不霉变、不变形的特点，而轻黏土也没有橡皮泥、陶土等易变色、干裂、脱落的缺点，并且轻黏土色彩更鲜艳，无味，更环保。

4. 从幼儿年龄特点出发，选择了幼儿熟悉的的动画人物来开展活动，激发幼儿兴趣。

歪头"鞋"脑

宁海县西店中心幼儿园　谢蕊飞

一、适用对象

大班幼儿

二、活动背景

为了让幼儿从小树立环保意识，并给幼儿提供展示才能的舞台，我们从环保教育出发，从幼儿的生活经验出发，通过对废旧鞋子的改造，让幼儿能真正感受到废旧物品再利用的重要性，提高他们的环保意识。由"废物循环利用"到"变废为宝"，在这个循序渐进的过程中，不断创新、大胆改良，使幼儿感受到废旧物品的用途和组合创新。

三、活动目标

1. 利用身边的各种废旧材料，通过剪、贴、穿等技巧对鞋子进行改造。
2. 通过制作，让幼儿认识到废旧材料的再使用价值，增强幼儿的环保意识。
3. 培养爱护环境，节约资源的环保意识。

四、活动过程

【活动准备】

1. 各种废旧材料：鞋子、报纸、包装袋、塑料袋、废旧光碟、奶瓶、果冻壳、扭扭棒等。

2. 剪刀、固体胶、双面胶、海绵胶、记号笔等。

(一)魔术导入,激发幼儿兴趣

1. 魔术表演

师:今天老师给小朋友们带来了一个神奇的魔术箱,想看它变魔术吗?这是什么?(鞋子)

师:这是小朋友们穿过后丢弃的鞋子,我把它放进魔法箱,念咒语:咕噜咕噜变变变。变成了什么?(怪兽)表演:我是一只大怪兽,啊呜!

2. 观察作品,发现材料

师:鞋子是怎么变成怪兽的?加了哪些东西?

幼:我发现果冻壳变成了眼睛。

幼:扭扭棒变成了头发和胡子。

幼:乒乓球变成了它的鼻子。

(二)认识废旧材料,激发幼儿创作欲望

1. 带幼儿认识各种废旧材料。

师:看,老师给你们提供了各种废旧材料,我们一起来认识一下它们吧。

2. 根据材料进行创造联想。

师:你们想不想也用鞋子来做一只怪兽?那你会怎么做呢?用哪些材料来做?

幼:我想用毛线给怪兽做弯弯的头发。

师:嗯,真是个好主意,那毛线还能用来做什么呢?

幼:还可以做胡子,做舌头……

师:那其他材料还能给怪兽做什么呢?

幼:我要用牙刷给它做鼻子。

幼:我要用乒乓球做大大的眼睛。

幼:我要用红纸给它做一条长长的舌头,还要给它做尖尖的牙齿,用白色的卡纸剪出牙齿的形状。

幼:可以用夹子给它做胡子。

（三）幼儿操作

1. 师：请幼儿做一次小小设计师，选择自己喜欢的材料动手制作。比比谁的作品最别致。

2. 引导幼儿用不同的废旧物品，通过画、剪、粘贴等组合创造出新颖独特的怪兽，从中体验成功的乐趣。

3. 幼儿制作，教师巡回指导。

在制作的过程中，教师要来回巡视指导，发现有不同做法的幼儿要及时给予鼓励和帮助，以便其完成作品。对动手能力较弱的幼儿，可以鼓励他们选择简单易做的材料完成作品，做到让每一名幼儿都能做得认真，学得开心。

（四）表演环节

师：哇！你们做的怪兽都很棒！你的怪兽是怎样的？表演一下！发出吓人的声音！你的怪兽是怎样的？会发出什么声音？现在让我们开个怪兽派对吧！播放音乐，一起模仿怪兽，发出不同的声音。

（五）延伸活动

师：我们的旧鞋子除了可以用来做手工，还能怎样废物利用呢？请你们想一想、试一试。

五、设计特色

英国历史学家麦考莱曾这样说过："在所有人当中，儿童的想象力最丰富！"激发孩子的想象力，是给孩子奠定坚实的基础；培养孩子的想象力，是赋予孩子强大的力量。在此过程中，幼儿不断提升自信心和潜能，练习语言能力，克服恐惧感，充分体验情感的愉悦，借形想象正是这样一种游戏！

一件有形的物体，一块平面的形状，动动手，给它插上想象的翅膀，展示出奇幻缤纷的创作，我们的旧鞋就能变成生动的龙头、凶猛的鳄鱼、奇特的怪兽。

多变的微景观

宁海县岔路学前教育中心　应时微

一、适用对象

大班幼儿

二、活动背景

所谓微景观，是当今非常流行的、具有时代感的园艺。它是将苔藓、多肉等植物以及各种篱笆、砂石、可爱的卡通人物、动物模型等装进不同造型、不同大小的容器里，构成的妙趣横生的场景。本微课我们将用溪沙中最粗的部分——溪沙石来替换普通的砂石，既降低了成本，又能将溪沙运用得"惟妙惟肖"。

大班孩子虽然具有一定的表现能力，但是独立表现微景观还是很有难度的，在容器的选择、种植的创意上都会遇到很大的困难。于是，教师根据幼儿园的"岔路小集市"活动，借助家长的力量来完成微景观系列教育教学内容。这样既能解决孩子们在创造美的过程中所遇到的超出他们生活水平与表现能力的技术难点，又能在融洽的亲子环境中完成微景观的创造过程，还能在"微玩小铺"大甩卖活动中体验到制作、买卖的喜悦感，激发幼儿对生活的体验兴趣。

三、活动目标

1. 引领幼儿和家长积极参与到感受美、表现美、创造美的"微景观"创意制作活动中。
2. 通过亲子配合的形式，让幼儿、家长共同分享创意制作活动的欢乐，提高他们动手、动脑及合作能力。

四、活动过程

(一)欣赏感知微景观(播放PPT:具有观赏性的微景观造型图)

1. 各位家长、小朋友们,在欣赏完这么多图片后,你有什么感受?喜欢吗?

2. 你们知道这些造型美丽、具有丰富情趣的园艺叫什么?

它是当今非常流行的、具有时代感的微景观园艺。它是将苔藓、多肉等植物,以及各种篱笆、粗溪沙、可爱的卡通人物、动物模型等装进不同造型、不同大小的容器里,构成的妙趣横生的场景。

(二)根据图示步骤,了解微景观制作过程

1. 制作微景观需要哪些材料?(播放PPT:溪沙石、花草、容器、辅助材料)

2. 有了这些材料以后,我们该怎么制作微景观呢?(展示PPT制作步骤图)

(1)出现各种造型美观的容器。

(2)出示溪沙石、苔藓、多肉植物、水、篱笆、小动物模型、蘑菇模型等。

(3)选择需要的材料,先在容器里放一半溪沙石,种下多肉植物和苔藓,做好造型。

(4)浇点水,放上小动物模型、篱笆等做最后的点缀。

3. 了解了微景观的制作过程,你想创设一个怎样的微景观呢?(幼儿大胆表述)

(三)亲子创作微景观(播放PPT:背景音乐)

让我们和爸爸妈妈一起来创造属于自己的微景观吧!

(四)微玩小铺

1. 作品展示。

(1)谁来介绍一下你的微景观?(幼儿边捧着自己的作品边大胆介绍)

(2)你喜欢哪个作品?为什么?

2."小铺"大甩卖。

创设情境：接电话，参加岔路小集市活动。

五、设计特色

1. 最粗的"溪沙石"看似已无利用价值，但是当它与时下最流行的多肉种植相结合时，却能创造出最具时代感的微景观，让幼儿在创作中美化生活、热爱生活、享受生活。

2. 与家长资源相结合，既能发挥家长与幼儿的"奇思妙想"，使得微景观更加美观，更具情境性，又能增进幼儿与家长之间的亲子感情。

3. 充分利用了自然物及废旧材料，发挥了家长与幼儿的创造性思维，使得其制作出来的微景观更贴合"农村"。

4. 利用"微玩小铺"，创设出真实的买卖情境，让幼儿在买卖过程中，既习得货币的运算，又能丰富社会交往经验。

好吃的冰淇淋

宁波市奉化区上林华庭幼儿园　仇佳艳

一、适用对象

大班幼儿

二、活动背景

在我们的生活中,大人小孩钟爱冰淇淋,钟爱的原因莫过于口味之美和造型之美。每当孩子们还在美美地欣赏冰淇淋诱人的颜色、漂亮的图案,回味着冰淇淋的味道时,好吃的冰淇淋已经开始融化了,孩子们往往会露出失望留恋的表情。

因此,本微课以超轻黏土为主材料,制作永不融化的冰淇淋。活动中,孩子们通过图片欣赏、体验互动,可大胆构思,发挥无限创意。本活动与大班孩子的经验水平完全吻合,孩子们可以在尽情体验中发现惊喜,体验快乐。

三、活动目标

1. 欣赏感受冰淇淋的艺术作品,进一步发现冰淇淋的美。

2. 尝试在泥塑中用"拉、盘"等技法,制作不规则条纹螺旋形冰淇淋,感受色彩混合之美。

3. 体验超轻黏土创作的惊喜与乐趣。

四、活动过程

（一）欣赏导入，享受视觉之美

你喜欢吃怎样的冰淇淋？

是的，冰淇淋的口味多样、造型不一，大人小孩都爱吃。

（二）尝试制作，聚焦创作难点

今天我们就来做好吃的冰淇淋。怎样做出美味又好看的冰淇淋呢？这里有常见的纸杯、记号笔、剪刀、双面胶、报纸，还有超轻黏土。请你选择自己喜欢的颜色赶紧做一个冰淇淋吧！

音乐停了，小朋友们一起来分享一下你用什么方法做了美味又好看的冰淇淋呢？

（三）解决要点，感知造型之美

是呀，你们用了叠放、搓团的方法做了喜欢的冰淇淋。那么，你们在制作的过程中，遇到了什么困难呢？

有的造型垮了，有的做不出混合型口味的冰淇淋。

怎样做出既漂亮又美味的螺旋形冰淇淋呢？我们一起来看一看，学一学吧！

（四）学习表现，个别指导

我喜欢蓝莓、柠檬二合一口味的冰淇淋。充分捏软后，分别搓成长条叠在一起，拉伸、折叠、取下一段，小朋友们发现了什么呀？

现在可以盘成一个螺旋造型了。想一想我们可以怎么盘呢？赶快试一试吧！

对了，我们可以试着从中间往外，一层一层往上盘，越盘越小，我的冰淇淋做好了。

刚才的视频中，你发现了什么？

对了，两种以上不同颜色的黏土搭配到一起，就可调配出一种新的颜色。我们还发现黏土在反复拉、叠的过程中，形成了色彩相同的条纹状。你也来试试！

制作技能学会了，我们要开始做冰淇淋了，做之前有两个要求。

1. 仔细观察一下冰淇淋的底部是用哪些材料做的，请你也动手做一个。

2. 用刚刚学到的方法做一个你喜欢的多口味螺旋形冰淇淋。

（五）分享交流,体验成功

音乐停了,请小朋友们把做好的冰淇淋放到蛋糕架上。

你喜欢哪个冰淇淋? 为什么? 让我们把做好的冰淇淋放到美食街,和顾客们一起分享吧!

五、设计特色

建构以幼儿发展为本的生活化美劳课程,具有以下两个亮点:

1. 触探幼儿需求,聚焦"自主学习"。

"我爱吃冰淇淋"真实折射了孩子的心理,激发了他们的创作欲望。本活动的教学难点实质就是孩子的创作难点——深受喜爱的螺旋造型塌陷,只能制作单一口味的冰淇淋等。基于幼儿的需求,教师借助视频、图示等形式,开展形象教学,从而让幼儿在不断的尝试中寻找新经验,提升认知水平。

2. 明晰核心经验,建构美劳课程。

活动紧紧围绕艺术活动的三大核心经验（感受美、表现美、创造美）而设计。孩子们在回忆生活经验、欣赏作品图片中感受冰淇淋的美,在自主创作中发现难点,在有意学习中解决难点,在分享交流中提升审美经验,整个过程充分体现出教师引、幼儿主的"双主体"教学理念,为完善美劳课程积累了丰富的经验。

百变螺旋条

宁波市奉化区莼埼中心幼儿园　沈赤文

一、适用对象

中班幼儿

二、活动背景

"百变螺旋条"以一张方形纸剪出螺旋状长条为线索展开创意制作。通过卷、摆、贴、借形想象等方法将这些事物通过组合、添画,创造出富有个性的纸艺作品。以小蛇、玫瑰、蜗牛为例,尝试利用不同技能变化螺旋状纸。做小蛇是往同一方向斜着向上卷,玫瑰则采用从外往里平行卷法,蜗牛即采用从里往外的卷法,再将其翻过来。抓住这三个重难点,再利用儿歌辅助、直白解说、趣味语言等提示幼儿操作,帮助幼儿完成作品。

三、活动目标

1. 通过抠、转、盘等动作发展幼儿精细动作及手指灵活度。
2. 在操作过程中,体验纸艺活动的乐趣。
3. 借助螺旋长条变换,发挥幼儿想象力、创造力。

四、活动过程

开场

  1. 直接导入。

  长纸条：小朋友们，你们好！我是百变小长条，我会好多魔术。你们想跟着我一起试试吗？哈哈，那你们先把我变出来吧！请小朋友准备好以下材料：剪刀、方形彩纸、胶水、记号笔。

  2. 演示剪螺旋状长条的步骤。

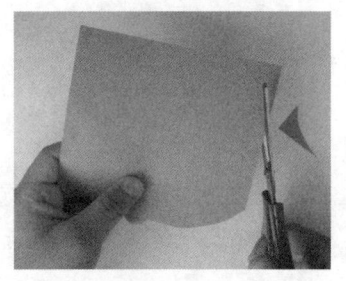 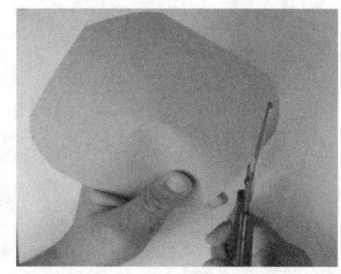 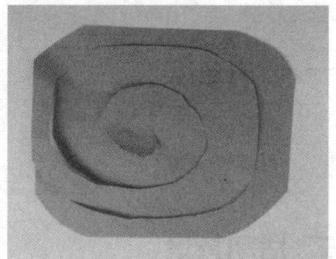

（一）百变纸艺：小蛇游游

  重难点：用食指、拇指捏着螺旋状长条，向同一方向斜着往上卷。

  操作步骤：

  1. 找到螺旋状长条的小尾巴，利用食指、拇指将纸条依次翻卷。

  2. 调整小蛇造型，添画眼睛嘴巴。

  3. 将"蛇尾"在"蛇头"绕两圈，做一条盘起来的小蛇。

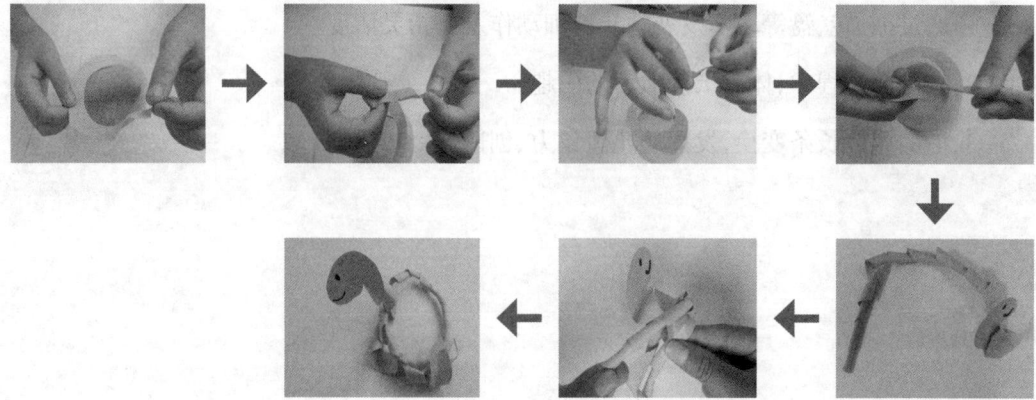

指导策略：儿歌讲解。

我们先用螺旋条来变一条快乐的小蛇吧！伸出食指、拇指，抓起小尾巴，斜着往外卷。一手卷，一手放；一手卷，一手放。卷到头部停下来。画上眼睛和嘴巴，伸起脖子望一望，一条快乐的小蛇就向你游过来了。如果把尾巴沿着小蛇的颈部绕上几圈，游动的小蛇，就变成了盘起来的小蛇！瞧，多神气呀！

(二)百变纸艺：玫瑰花儿开

重难点：用食指和拇指由外往里平行卷，卷出玫瑰花。

操作步骤：

1. 拿起螺旋条的外面一端往里卷。

2. 放在手心打开来。

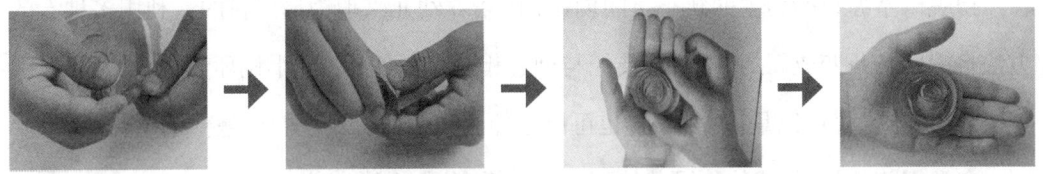

指导策略：直白讲解。

螺旋状纸还能变出什么呢？同样用食指、拇指拿起尾巴。像卷蛋糕卷一样，沿着长条纸往里卷。卷好一段后，将食指拇指放在纸的两端，继续往里卷，注意不要卷得太紧，卷到最后放一放。瞧。花开了！试试用更多的彩色纸变出更多漂亮的花吧！

(三)百变纸艺：蜗牛爬爬

重难点：从里往外平行卷。

操作步骤：

1. 按卷玫瑰花的方法从里面卷到外面，翻过来。

2. 画上眼睛和嘴巴。

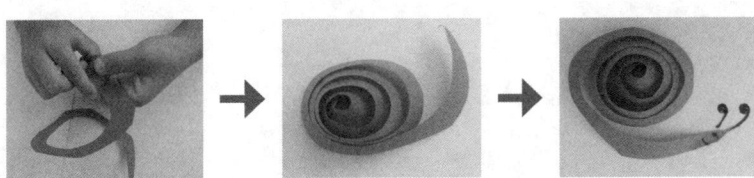

指导策略：儿歌讲解。

刚才我们都是从尾开始，如果我们从头开始呢？让我们一起用食指、拇指找出螺旋纸的头，用卷玫瑰花的方法，沿着螺旋状纸条卷，卷好以后翻个身，画上眼嘴靠一靠，蜗牛探出头儿来。

尾声

小朋友们，你们变出来了吗？我们还能用同样的方法变出什么来呢？找一张漂亮的背景纸，把你的作品变成一幅漂亮的画吧！

五、设计特色

1. 灵活创新，一纸多玩。

摆脱以掌握技能为主的狭小空间创作，以培养幼儿兴趣为最终目的。利用多种卷的方法将螺旋长条变成新的事物，将技能与创意相融合。如：在变小蛇环节中，幼儿可以随意摆弄小蛇造型，可以是正在爬的，也可以是伸头张望的。变玫瑰还是变蜗牛，仅靠朝不同方向卷螺旋长条，就能使作品截然不同。一纸多玩，活泼生动。

2. 拓展空间，解放双手。

本次纸工创意活动中，幼儿用不同方法将一张螺旋条制作出不同的造型，没有固定的画面和事物。教师仅作为一个引导者，将方法传授给幼儿，幼儿可自由创作。

物品变变变

象山县石浦镇中心幼儿园　张　椰

一、适用对象

大班幼儿

二、活动背景

本微课的内容选择和制作是出于某次小物件的摆放。当教师想要在班级深入开展时,发现一些经过后期加工的物品无法全面地展示给孩子看,也不能一个个单独示范,于是萌发了制作本微课的想法。教师把单个演示的作品集合在一起,加上解说,结合试听,激发幼儿的积极性。本微课的特点是削弱了对幼儿技能上的要求,最大限度地激发了幼儿的想象力。

三、活动目标

1. 通过欣赏微课内容,发现生活中各种形状的物品。
2. 激发幼儿的想象力和创作的兴趣。

四、活动过程

(一)前景设问(出示生活中的物品)

小朋友,你有见过这些东西吗?在生活中,我们经常会遇到它们。今天,我就用它们做一个非常有趣的游戏。

画面1：小喇叭

物质准备：一个回形针

旁白：这是一个回形针，我要把它变成另外一个东西。小眼睛不要眨，先画一个扁扁的椭圆形，用两根线把它连起来，接着在回形针的上方画三条短短的竖线和三个小黑点，前面再加一个小嘴巴。你看出来了吗，我把回形针变成了一个小喇叭。

画面2：鳄鱼

物质准备：一个钢丝夹

旁白：钢丝夹是女孩子经常会用到的东西，它可以变成什么呢？先画一个半圆，再画一个半圆。咦，这歪歪扭扭的像什么呀？你可以想一想，什么动物的皮肤是皱皱的，有四只爪子，还有一条尖尖长长的尾巴呢？

它的两个鼻孔和眼睛都是长在头顶上的。你看出来了吗？钢丝夹变成了一条鳄鱼。

画面3：螃蟹

物质准备：两个夹子

旁白：我一看到这两个夹子就想起了螃蟹的大钳子。那我们就来变一个螃蟹吧。

先画一个圆圆的身体，再把身体和大钳子连在一起，接着就画螃蟹的八只脚。螃蟹脚的顶端是尖尖的，这是它用来保护自己的有效武器。一只又一只，螃蟹的脚真多呀，我们人类如果也有这么多脚的话，会变成什么样子呢？马上就画好了，对了，不能忘记螃蟹的小眼睛，威风凛凛的螃蟹出现了。

画面4：蚊子

物质准备：耳塞

旁白：耳塞这样放着，好像两只眼睛和嘴巴呀。所以我决定，把它变成一只讨厌的蚊子。

先画两个大大的翅膀，再画它的六条腿。再用细细的笔，画翅膀里的纹路。这样看来，蚊子的翅膀好像两片叶子，再把蚊子的大长腿给接上，一只讨厌的蚊子"嗡嗡嗡，嗡嗡嗡"地飞向你了。

画面5：刺猬

物质准备：一把钉子

旁白：尖尖的钉子像什么呢？你会怎么变？我会把它变成一只刺猬。

圆圆的鼻子,小巧的嘴巴和软软的身体。这是它的爪子,小刺猬什么都小,小鼻子、小嘴巴、小爪子,当然还有它的小眼睛和小耳朵。

小刺猬去摘果子喽!

画面6:妈妈拧毛巾

物质准备:一个通心粉

旁白:你知道这是什么吗?它叫作通心粉,是面条的一种。

这一次,我画的是一个人,是你非常非常熟悉的人。她有着短短的头发,她在做什么?她的两只手抓住通心粉的两端,这么一看,你觉得她在干什么?原来,是妈妈在拧毛巾呢!在家里,妈妈经常会做这件事吧。你会拧毛巾吗?拧一拧,再拧一拧,水就滴下来了。最后,再把妈妈的头发画得漂亮一些,妈妈是天底下最漂亮的人。

(二)结束语

旁白:其实,在我们的生活中,还有很多很多东西都可以用来变一变。现在,你也来试试吧,相信你会让它们变得更有趣。

有趣的纹样设计

宁波市鄞州区首南学府实验幼儿园 袁 昱

一、适用对象

大班幼儿

二、活动背景

在玩沙的时候,孩子们对沙坑里留下的鞋印花纹产生了极大的兴趣。"我的鞋能踩出花纹来。""我的和你的不一样。""我的鞋印比你的好看。"逐渐地,他们对身边各种各样的花纹都产生了兴趣。《3~6岁儿童学习与发展指南》中也明确指出艺术是人类感受美、表现美和创造美的重要形式,也是表达自己对周围世界的认识和情绪态度的独特方式。为了满足孩子们的愿望,活动中教师将分享好玩的手绘纹样设计。

三、活动目标

1. 大胆想象,尝试运用手绘纹样进行创作。
2. 对手绘纹样创作感兴趣,感受手绘纹样创作的乐趣。

四、活动过程

(一)片头

猜测图片,活动导入(PPT形式):观察图片猜测活动内容(画画、看书、做衣服)

师：先来看一张图片，猜测我们今天要做什么？

幼：画画、看书、做衣服。

师：这是服装设计？当然不是。今天是个有趣的分享，我们分享一种纹样设计的方法。

（二）讲解纹样重组

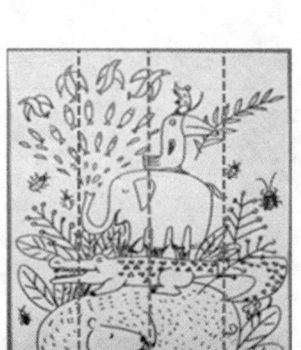

1. 同一手绘作品

2. 交叉对折　　　　　横向四折　　　　　纵向四折

续表

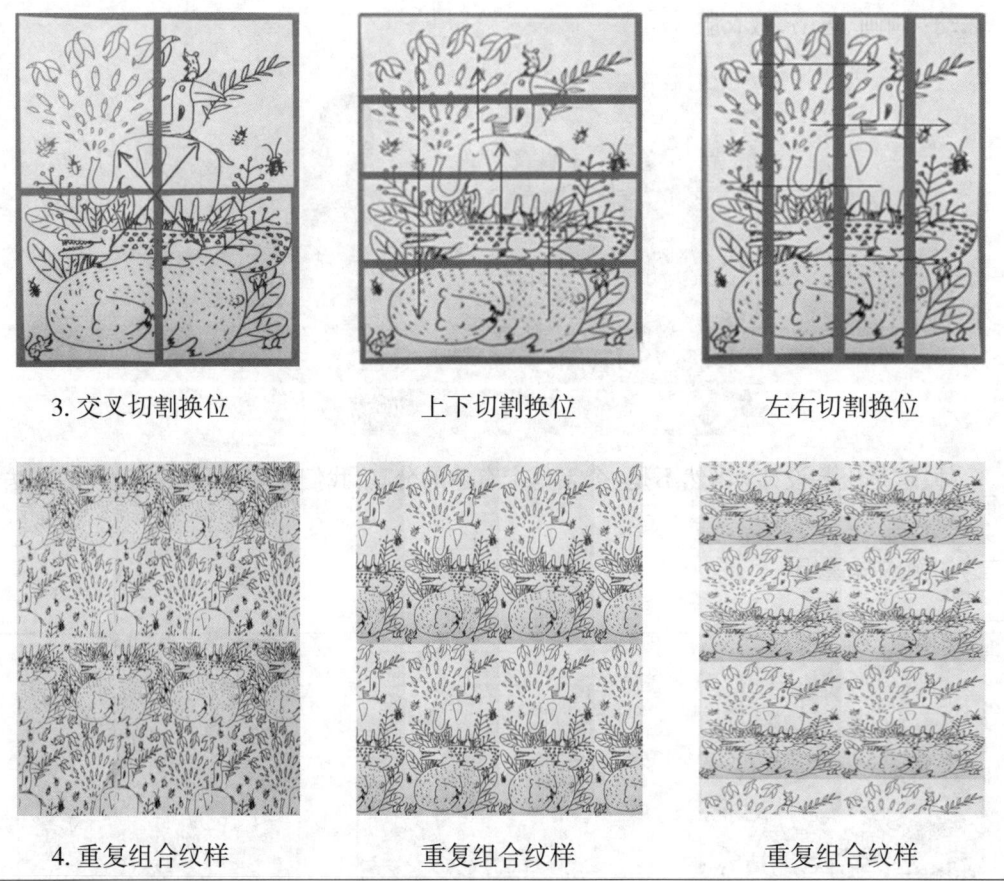

| 3. 交叉切割换位 | 上下切割换位 | 左右切割换位 |
| 4. 重复组合纹样 | 重复组合纹样 | 重复组合纹样 |

师：同一画面内容可以有多种切割的方法，不同的切割方法会呈现出不同的纹样。

注：画面切割重组可按现场幼儿的回应进行操作。

(三)幼儿自由操作

1. 自由创作　　　　　　　　　　2. 丰满画面

续表

3. 交叉对折

4. 切割纹样

5. 粘贴纹样

6. 复印纹样

7. 重组纹样

8. 作品欣赏

(四)结尾

手绘纹样创作可以做很多事，看看我们自己身边的手绘纹样创作产品，一起来做做看吧！

  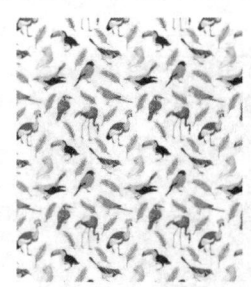 

1. 彩色手绘纹样欣赏

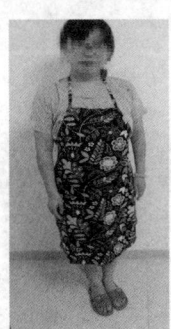  

2. 成品展示

五、设计特色

1. 幼儿为先，贯穿始终。

根据幼儿的生活经验和幼儿一起感受和发现沙坑中美丽的鞋印花纹；根据幼儿的表现能力与幼儿共同选择用手绘纹样创作各种美丽的花纹。不拘束幼儿的想法，围绕表现手法，幼儿大胆展开想象，自由创作作品内容。

2. 新颖设计，迁移生活。

《3~6岁儿童学习与发展指南》中提到，提供丰富的便于幼儿取放的材料、工具或物品，支持幼儿进行自主绘画、手工活动等。好的教学活动都应该从课堂走向生活，手绘纹样创作的设计手法比较新颖，但是对于幼儿比较遥远，有一定难度。为了贴近幼儿，所以对本活动的难度进行了调整，并给孩子们提供一些白纸、线描笔、布等比较容易接触到的材料。从动眼看到动手做，让孩子们不仅感受艺术更能操作艺术，并应用到日常生活中。

美丽的蝴蝶

宁波市海曙区古林镇中心幼儿园　龚海燕

一、活动对象

大班幼儿

二、活动背景

我园创意纸浆活动已进行了好几年,幼儿在纸浆制作的兴趣、技能、内容、智力、习惯等方面已有了初步的积累,并制作出了许多立体的、形象丰富的主题作品,如《猴子捞月亮》《小猫钓鱼》等。因为幼儿的纸浆作品需要成人协助且耗时较长,因此教师尝试探究新颖的、适宜幼儿操作的、一段活动时间内能独立完成的纸浆创作课程,让幼儿在创作过程中真正体验快乐、成功。

三、活动目标

1. 学画蝴蝶,感受蝴蝶的对称美。
2. 了解纸浆画制作过程,创作蝴蝶纸浆画。
3. 大胆想象,体验创作乐趣,感受完成纸浆作品的快乐。

四、活动过程

【活动准备】

纸巾、各色颜料、白胶、水、纸盘、水桶、塑料夹子、抹布。

(一)前期准备

1. 浸泡纸巾。

将纸巾撕成小块,在水中浸泡1天。

2. 和白浆。

将浸泡好的碎纸巾揉捏成纸团泥,拧干。倒入白胶,将白胶和纸团泥混合在一起,搅拌成纸浆(白胶的量根据纸巾的量控制,需用手调试,有点黏稠就可以了)。

3. 调颜料。

将纸浆放进纸杯里,根据作品需要调好各色颜料(需要的颜色全部调好放在纸杯里,颜料不要放水)。

(二)制作过程

1. 画造型。

在纸盘中画出蝴蝶的基本造型。

2. 上纸浆。

(1)鼓励幼儿设计蝴蝶颜色。

(2)选定蝴蝶造型中最大图案(如蝴蝶大翅膀)所需颜色的纸团泥,用夹子夹住纸团泥放在选定的大翅膀中,再用夹子平铺(翅膀中小图案需留白),轮廓线附近可用另一只手作辅助,纸团泥尽量不超出轮廓线,完成一对大翅膀。

(3)选取需要颜色的纸团泥,用同样的方法完成一对小翅膀及蝴蝶身体的制作。

(4)制作蝴蝶内部小图案(花朵、小圆形)。用夹子

夹取少量所需颜色的纸团泥,细心放入图案中,用手指轻轻平铺。

（5）提示：

①可先铺深色,再铺浅色,这样避免颜色相互渗透。

②翅膀中装饰小图案的纸团泥略高于翅膀,可使作品更富有立体感。

③想让纸浆快点干可以使用吹风机,以帮助纸浆快速干燥。

3.装饰纸盘。

纸盘中的蝴蝶制作完后,再装饰纸盘,可用彩色布带、装饰绳子、纽扣、玉米粒等材料进行立体装饰。

五、设计特色

纸浆制作是以纸巾、报纸、白胶、颜料等为主材料开展的手工创作活动,能制作出占有一定空间的、可视、可触摸的物体形象或平面作品。可塑性强,能创造性地反映幼儿对周边事物的印象。纸浆装饰感极强,富有创意的造型以及明亮鲜艳的色彩可以把幼儿园大环境、教室内外环境装饰得别具风格。幼儿园纸浆活动是以幼儿的兴趣为出发点,结合幼儿的生活经验开展的一项手工制作活动。利用辅助材料创设平面纸浆作品,更符合幼儿年龄特征,激发幼儿对多种材料、工具的作画兴趣,同时还可结合幼儿园主题活动开展小组活动。纸浆制作对幼儿想象能力、创造能力、动手能力、审美能力、合作能力的发展有着重要的促进作用。

丹实累累缀青枝

慈溪市周巷镇中心幼儿园　陈羽燕

一、适用对象

大班幼儿

二、活动背景

每到5、6月份,慈溪漫山遍野的杨梅林结出一簇簇的小红果。教师及时抓住这一契机,让幼儿尝试用多种美术创作形式来表现"丹实累累缀青枝""慈溪杨梅挂篮头"的家乡美景。

中国画具有简练、概括的特点,用毛笔蘸墨画画,可小可大、可粗可细、可干可湿,描画自如、变化无穷,符合儿童画特点,也深受孩子们喜欢。画国画杨梅宝宝时,教师以"赏—画"的形式开展美术活动,从"果—叶—枝"进行分步讲解。最后,孩子们用稚嫩的画笔留下杨梅硕果累累挂满枝头的美景,同时也激发了孩子们热爱家乡的情感。

三、活动目标

1. 欣赏、感受画面中杨梅宝宝挂在枝头的美好意境。

2. 学画不同形态的杨梅,尝试合理安排画面。

3. 培养幼儿对国画的兴趣及大胆作画的能力。

四、活动过程

【活动准备】

宣纸、国画颜料、墨、毛笔(提斗笔、勾线笔)、调色盘、水桶、小毛巾等。

(一)引入

小朋友,这是什么?夏天到了,杨梅树上的杨梅成熟了,杨梅宝宝是什么样子的?它们长得一样吗?杨梅宝宝一簇簇、一串串挂在枝头上,可漂亮了,今天我们就用国画的形式来画杨梅宝宝吧。

(二)制作过程

1. 首先调出杨梅的颜色。

杨梅需要用两种颜色,曙红、胭脂,其中以胭脂为主。

开始画杨梅啦,用侧锋入笔,把笔尖压下去,左一笔右一笔合拢成圆形,瞧!圆圆的杨梅出现了!再画几个吧!这是大杨梅,这是小杨梅,这个杨梅宝宝躲在后面,在跟我们捉迷藏呢!这个杨梅又大又红,一定很甜吧。大的、小的,深的、浅的,颗颗杨梅挤在一起,真调皮。

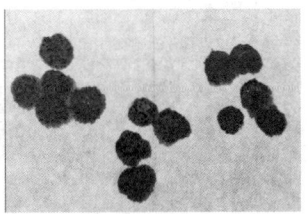

杨梅宝宝摸上去糙糙的,全身是小点点。现在换一支小笔,笔尖蘸点墨,趁着杨梅宝宝还没有干,给杨梅宝宝点点,点点的时候注意要往下戳,别太小。来,开始了。先点整个的杨梅,如果有重叠的杨梅,先点前面的杨梅,再点后面的杨梅。点点的时间比较长,小朋友要有耐心。

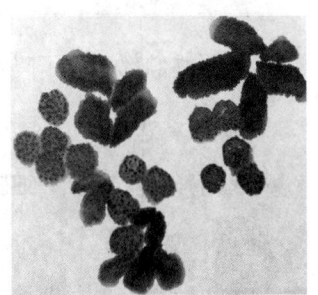

2. 杨梅宝宝长在树上,现在要画杨梅叶子了。

拿一支提斗笔调花青墨色,在笔尖上蘸点浓墨。开始了,用侧锋入笔,笔尖往下压,再在右边画片叶子吧……

3. 接着画杨梅的枝干了。

杨梅的枝干应该用重墨,我们用枝干把叶子与杨梅连起来吧。这时叶子差不多干了,我们用小笔蘸上墨给叶子画上叶脉吧。

小朋友,现在你知道画杨梅的步骤了吗?我们再来回忆一下。

作画步骤

步骤	图示	要点提示
画杨梅	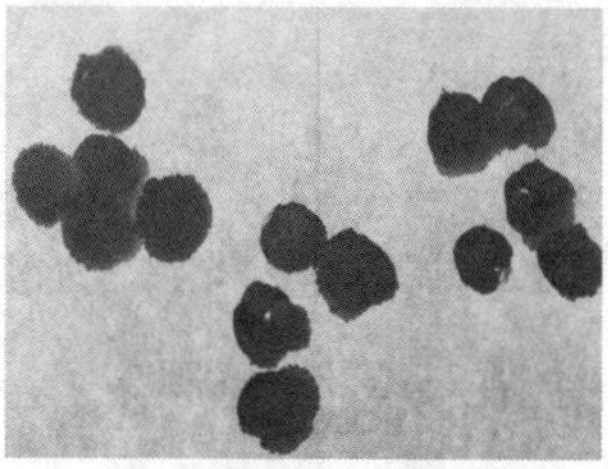	画果子用笔尽量简练,小笔加墨要注意,多加变黑
画叶子	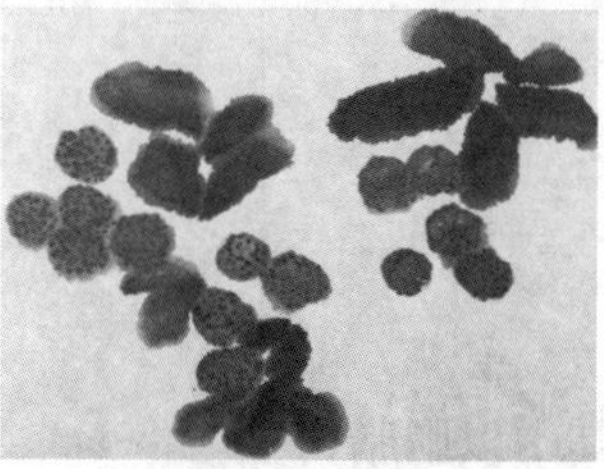	注意叶子的浓淡变化
画枝干		注意枝干的粗细变化

小朋友们都记住了吗?那让我们一起来画一画吧!(幼儿画杨梅)

(欣赏幼儿作品)你看,一颗颗诱人的杨梅挂满枝头,有大、有小,有深、有浅,有的挤在一起,有的露出一半,细腻的笔触描绘了我们家乡杨梅成熟坠青枝的美好景象。

五、设计特色

1. 本次美术活动以"赏—画"的形式开展,通过实物欣赏杨梅,感受杨梅挂在枝头的各种形态,一串串、一簇簇的红彤彤的杨梅让人垂涎欲滴,给人强烈的视觉冲击,体验到丹实累累缀青枝的美好意境,激发幼儿创作的欲望,从而培养幼儿对国画的兴趣及审美能力。

2. 教师以儿童化的口吻对"果—叶—枝"进行分步讲解,引导幼儿去欣赏、去观察、去发现,让幼儿对杨梅的特征有所了解,对各部分的画法都有所掌握,同时将幼儿获得的经验技能与其自身的生活经验、想象相结合,创造出具有特点的作品。

3.本活动关注了幼儿情感的激发和体验。幼儿绘画的过程,是其情感和思想表现的过程。本次美术活动就是以家乡的杨梅为主题,从生活中取材,将美术与社会巧妙地融合在一起,满足幼儿好动手、好表现的欲望,同时也激发幼儿热爱家乡的情感。

京歌龟兔赛跑

宁波市镇海区庄市街道中心幼儿园　刘　妙

一、适用对象

大班幼儿

二、活动背景

京剧是中华民族的艺术瑰宝,以其无限的艺术魅力被称为"国粹"。京歌是加上了京剧音乐元素的歌曲,是对京剧的改良与创新,是对现代歌曲的充实与丰富,更适合幼儿园小朋友学习与演唱。

《龟兔赛跑》是孩子们耳熟能详的故事。从孩子们的兴趣点入手学习京歌,能充分调动孩子们的学习兴趣。同时在唱一唱、演一演、敲一敲中进一步感受京剧的魅力所在。

三、活动目标

1. 通过观看动画、图谱等形式学习演唱京歌。
2. 在熟悉乐曲的基础上,尝试加入打击乐伴奏、情景表演等音乐游戏,体验音乐游戏的乐趣。
3. 欣赏京剧的角色、脸谱、乐器,感受京剧的魅力。

四、活动过程

（一）故事爷爷导入，贯穿始终

由故事爷爷为主线，贯穿整个活动，起到承上启下的作用，并激发孩子们的学习兴趣。

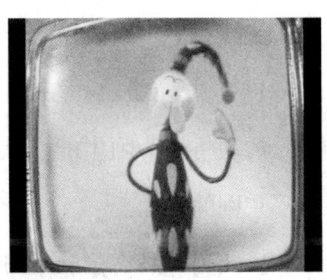

（二）观看动画与图谱，学习歌曲

1. 观看动画《龟兔赛跑》，了解歌词内容与节奏。

我们一起来看看、听听故事。

说说故事里说了什么，用故事里的话来回答。

2. 边听歌曲边看图谱，学习京歌《龟兔赛跑》。

（1）边听歌曲边看图谱，初步学习歌曲。

跟随图谱一起来唱一唱歌曲。

跟随图谱中的节奏符号，一起边唱边打节奏。

（2）寻找京歌的不同之处，尝试过门、念白、转音的学习。

一起来找找京歌《龟兔赛跑》的不同之处。

一起唱一唱过门、念白、转音。

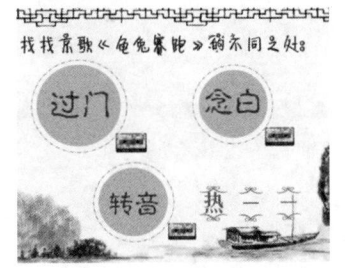

（三）音乐游戏玩起来，体验快乐

1. 伴着京胡的演奏，一起唱一唱。

2. 边唱边表演《龟兔赛跑》。

3. 边唱边用打击乐器来演奏。

（四）拓展延伸：了解京剧的主要元素

1. 京剧角色欣赏。

2. 京剧脸谱欣赏。

3. 京剧三大件欣赏。

五、设计特色

1. 与故事、游戏相结合，玩转京歌。

活动将较为陌生的京歌与孩子们熟悉的故事相结合，并让孩子们通过生动的游戏来感受京剧的魅力。

2. 动画、图谱，撑起学习支架。

活动通过卡通形象呈现，并结合简明易解的图谱来学习京歌的歌词、旋律与节奏。

3. 故事爷爷贯穿始终，串起整个活动。

以故事爷爷为主线，贯穿整个活动，起到承上启下的作用，并激发孩子们的学习兴趣。

4. 围绕京歌，层层递进。

从一开始观看动画了解歌词，到看图谱学习歌曲，再到熟悉歌曲后进行各种音乐游戏，最后进行京剧赏析。各环节层层递进，让孩子们在轻松的学习氛围中掌握这首京歌，不仅感受到了音乐活动的快乐，还感受到了京剧的魅力。

杨梅甜甜真好吃

慈溪市慈吉幼儿园 黄 芳

一、适用对象

中、大班幼儿

二、活动背景

"端午杨梅挂篮头,夏至杨梅满山红。"端午时节,正是杨梅丰收采摘的好时间,而《摘果子》是一首活泼、抒情的儿童乐曲,以流畅欢快的旋律、轻盈灵活的节奏,展现了小朋友摘果子的可爱形象。因此,设计本活动,让幼儿通过游戏情境,以欢快的情绪、优美的舞蹈动作结合旋律来表现摘杨梅,从中体会音乐律动的快乐,丰富情感体验,提升艺术表现力。

三、活动目标

1. 学习律动摘杨梅,培养幼儿动作的节奏感和协调性。
2. 体验摘杨梅的喜悦心情,并能自信、大胆地表演。

四、活动过程

(一)情景导入

小朋友,慈溪的杨梅成熟了,请你们跟着黄老师一起去杨梅园里摘杨梅吧。

（二）教师示范

教师完整表演律动"杨梅甜甜真好吃"一遍。

（三）幼儿学习

教师将所有律动动作进行合乎情理的串联并示范讲解，让幼儿理解与接受。

背好箩筐准备出发，双手握拳放胸前上下摆动，摆动时手肘上下摆动要明显，同时臀部要跟着双手扭动起来。

准备好，我们要出发去杨梅园了。双手五指并拢左右摇摆，摇摆时要从左往右画半圆摆动，手往左摆动时头要往左倾，屁股也要往左扭，手往右摆动时也用同样的方法，头往右倾，屁股往右扭。表演时要表现得很俏皮、可爱，眼睛睁大，嘴巴张开。

来到杨梅园，看看这边有很多杨梅，看看那边也有很多杨梅，小朋友可开心了，所以脸上要露出好奇和惊喜的表情。这时双手从下往上画圆打开，注意脚步要变为小碎步。小碎步走到第六拍时要微微顿一下，左右各看一遍。

看到这么多的杨梅，小朋友都迫不及待地想摘杨梅了，左边摘一个，右边摘一个，上边摘一个，下边摘一个。突然发现一颗既大又圆的杨梅，摘下来放进嘴里尝一下，啊，酸酸甜甜的真好吃呀！好吃的杨梅多摘点，再摘一遍（动作同上），左边摘一个，右边摘一个，上边摘一个，下边摘一个。摘杨梅时眼睛要跟着手走，左手叉腰做小篮子，右手手腕向上转动，五指并拢，向下时，五指打开当作把杨梅轻轻地放进篮子里。

摘了这么多杨梅，跟好朋友一起分享吧。送给这边的好朋友，再送给那边的好朋友，分给朋友时双脚并拢轻轻向前跳一下，同时双手向前打开送出去，这时小屁股要微微向上翘，同时注意动作的美感。分别送给左边、右边、前面的朋友后，捧起杨梅篮转一圈向左倾，同时左脚脚后跟点地。

（四）师幼共同表演

小朋友都学会了，我们跟着音乐一起摘杨梅吧。

五、设计特色

1. 选材来源于生活,贴近幼儿的生活。

杨梅来自幼儿生活中,为幼儿所喜爱。律动"杨梅甜甜真好吃",通过欣赏果园、采摘杨梅等细致的情节表演,表现了小朋友分享丰收的喜悦心情。通过对作品内容的理解,结合舞蹈动作的表现,幼儿在学习过程中也自然而然地懂得与人分享的快乐。

2. 艺术活动有利于提高幼儿的审美能力。

音乐律动是对幼儿进行美育教育的基本形式之一。在学习过程中,通过优美的音乐旋律,优美的舞蹈动作,陶冶了幼儿的情操,从而提高幼儿发现美、感受美、表现美的能力。音乐律动以其独特的寓教于乐的方式,潜移默化地影响着幼儿。

3. 艺术活动有利于提高儿童想象力和创造力。

教师用优美的语言、生动的描述把大家带到情境中,结合音乐,充分想象,表现摘杨梅的情景与喜悦的心情。在以后的情境中,幼儿也可以根据音乐及自己的想象,加入自己设计的舞蹈动作。该活动能大力发展儿童的想象力和创造力,开发幼儿的潜能。

语言与游戏

粽子里的故事

宁海县跃龙中心幼儿园　娄　飞　王旭群

一、适用对象

大班幼儿

二、活动背景

"端午节"是我国民间的传统节日,包粽子、吃粽子是"端午节"的传统习俗之一。教学主题以故事主要线索的形式出现,更易于被孩子接受和理解。怎样包粽子?吃粽子的由来是什么?端午节还有哪些民俗活动?《粽子里的故事》将引发孩子们关于"粽子"的大讨论,在端午节即将到来之际,这是一个很好的节日教育题材。

三、活动目标

1. 在看看、猜猜、说说中理解故事内容,感受节日的快乐。
2. 养成仔细倾听的习惯,能用语言清楚连贯地表达。

四、活动过程

(一)直接引题,激发兴趣

师:今天老师带来一个故事,看一看这是关于谁的故事呢?

幼:狐狸。

幼：一个小朋友。

师：故事里有小女孩、狐狸，还有粽子。孩子们，这个故事的题目就叫《粽子里的故事》。

师：你吃过粽子吗？什么时候吃的？

幼：过节的时候吃。

幼：端午节的时候有好多粽子。

师：端午节，我们中国人要吃粽子。孩子们，你们吃过的粽子是什么味道的？

幼：我吃过红枣粽、肉粽、板栗粽……

师：粽子有各种各样的味道，今天的粽子里包的是什么呢？让我们一起来听一听故事。

（二）倾听故事，初次感知

教师有感情地讲述故事，从开头——森林里的小动物都来了，它们都想吃粽子讲故事。

师：孩子们，你想请谁吃粽子讲故事呢？

幼：请小兔子、小猴、小狐狸吃粽子……

师：小鸟吃了粽子，肚子里有了故事，可是小鸟扑棱扑棱地讲不出故事；小猴吃了粽子……那么该请谁呢？

幼：请狮子大王来讲故事。

师：你们会讲故事吗？你的故事从哪来？

幼：妈妈讲给我听的，书上看的。

师：要想讲故事必须学会听、看。你们也想去奶奶家吃粽子吧，不过先来吃老师准备的粽子，看看你们是否具备讲故事的本领。

（三）辅助游戏，理解故事

师：吃吧吃吧，吃了粽子讲故事。奶奶用什么包粽子？

幼：叶子、米。

师：奶奶用了青青的叶子和白白的米来包粽子。第二个粽子里会有什么呢？

师：接龙，就是老师说一个词，请你接着前一个词语的最后一个字说另一个词语。

师：开水。

幼：水果、果树、树叶……

师：孩子们，接着我们来看第三个粽子的故事，是什么呢？说"悄悄话"。

幼儿游戏：说悄悄话。

师：我们真的有好多本领，都可以去奶奶的森林小屋吃粽子、讲故事了，就让我们一起到森林里瞧瞧这个小女孩去了吗。

（四）欣赏结尾，延伸活动

师：小女孩来到了森林里采蘑菇……

师：我们来到了奶奶家，让我们和奶奶一起一边包粽子一边讲故事。

五、设计特色

1. 引导幼儿"悦"读绘本，激发美好的情感。

在端午节前夕，利用身边熟悉的粽子展开活动，选材适合时宜，不仅让幼儿学到知识、技能，更重要的是引导幼儿去发现、探索周围世界中美好的事物。

围绕绘本，让幼儿了解老奶奶生病了，不能讲故事了，小朋友想办法帮助老奶奶找回快乐。在大家的帮助下，奶奶"传递故事"的心愿终于实现了，最后也品尝到了美味的粽子，从而让幼儿体验到了帮助他人的快乐。其次，在讲述《粽子里的故事》时，教师通过插问、追问的方式，让幼儿了解端午节的来历，感受伟大诗人屈原的爱国情怀，从而产生尊敬和怀念之情。

2. 激发幼儿运用多种感官，为实现教育目标而服务。

内容紧紧围绕活动目标而进行，让幼儿对粽子的外形特征、制作材料、传统习俗等有直观的了解。同时，故事画面配上动人的音乐，让幼儿在倾听中感受绘本作品的语言美，可以说用得恰到好处。

杨梅仙子

慈溪市机关幼儿园　何红波

一、适用对象

大班幼儿

二、活动背景

"端午杨梅挂篮头",每到这个时节,幼儿园都要举行丰富的杨梅节活动。关于"杨梅仙子"的传说故事适合大班幼儿赏析,跌宕起伏的情节激发起大班幼儿凡事都想问个明白、探个究竟的好奇心;他们灵活多样的语言表达和根据情节内容想象角色心理活动的能力,使其进一步感受故事的唯美意境。故事中人物善良纯真、乐于助人的良好品质,潜移默化地给幼儿一种美的熏陶和无声的道德教育。

三、活动目标

1. 理解故事情节,了解杨梅仙子的人物形象,感受民间文学的唯美和传奇。

2. 结合生活经验,用连贯规范的语言,运用"如果我是杨梅仙子,我就会……"句式表达。

3. 感受丰富的本土文化,培养关爱他人、乐于助人的品德,萌发热爱家乡的情感。

四、活动过程

（一）水墨杨梅，直揭主题

杨梅水墨画配以青瓷瓯乐和童谣的吟诵，让故事娓娓道来。

策略思考：瓯乐传达着恬静与美好之情，童谣声中透出的灵动与故事主角杨梅仙子的唯美相呼应，使"慈溪杨梅"的民间传说更添传奇色彩。

（二）述说故事，演绎传说

1. 皮影戏展现《杨梅仙子》故事情节，引导幼儿欣赏和理解故事。

策略思考：把皮影戏作为认知支架的呈现方式，意义在于其可以将故事动态地呈现出来，视听结合，更容易为幼儿所接受。皮影戏作为民间艺术的瑰宝，集说、唱、演为一体，让幼儿在观看过程中专注投入，领悟故事主题思想。

2. 分段讲述故事、提问。

片段一：开始 → 老虎口中衔着一个人

提问：眼看老虎就要把人吃了，这该怎么办呀？

片段二：石郎不慌不忙 → 姑娘慢慢苏醒过来

提问：谁救了姑娘？家人是怎么对待她的？

小结：石郎勇敢机智地救下了杨梅仙子，和父亲一起医治杨梅仙子的伤痛，真是心地善良的一家人。

片段三：原来 → 乡亲们都非常喜欢杨梅仙子

提问：杨梅仙子为乡亲们做了哪些好事？

小结：杨梅仙子为乡亲们做了许多事情，修建石板路，建造遮风避雨的凉亭，采草药……乡亲们都喜欢她，原来做一个乐于助人的人，会让人们非常喜欢你。

片段四：有一天 → 端午杨梅挂篮头

提问：为什么人们要把这种果子称为杨梅？

小结：杨梅仙子牺牲后还给乡亲们带来了好吃的果子，人们为了纪念聪明伶俐、乐于助人的杨梅仙子，就用她的名字来命名这种果子——杨梅。

策略思考：（1）故事逐层展现，各具价值。第一层展现杨家父子的勇敢善良，为整个故事的情感基点埋下伏笔；第二层将杨梅仙子聪慧、勤劳、乐于助人的品德，通过具体事例进行展现，让幼儿对杨梅仙子产生喜欢的情感；第三层将杨梅仙子牺牲及牺牲后还造福于杨家坳人们的精神展现出来，让人产生敬佩之情，人们为了纪念和感恩杨梅仙子，以杨梅为果子命名。三个层次由表及里，把杨梅仙子的真善美展现出来，让主题思想淋漓尽致地得以呈现。（2）关键问题的提炼和停顿处理。既有助于感受人物的内心思想，把握故事情节的变化，又有助于对故事情节的理解，和故事中的人物产生情感的共鸣，并借助故事讲述的停顿，吸引幼儿的注意力。师幼互动，有助于幼儿融入情节，发挥想象，有一种身临其境之感。

3. 拓展思维，用"如果我是杨梅仙子，我就会……"句式进行表述。

策略思考：在理解故事的基础上，掌握句式的运用。学习杨梅仙子心灵手巧、机智勇敢、助人为乐的品德，渗透品德教育。

五、设计特色

1. 本微课充分运用民间元素，水墨画、皮影戏、青瓷瓯乐、童谣相得益彰，在视听结合中感受民间文学的语言美、人物美和意境美，使得民间传说更具神秘感和魅力。

2. 活动主体部分以皮影戏的形式展开，质朴传神，幼儿容易接受和理解。让幼儿知道家乡的底蕴、魅力，以及独特的文化，从而使其萌发热爱家乡的深厚情感。

3. "杨梅仙子"展现了惩恶扬善、知恩善报的传统美德，从故事中折射出本土文化精髓，让幼儿了解慈溪本土文化中的"慈孝"文化——"饮水思源，涌泉相报"的品质，更易于幼儿了解家乡传统文化，激发他们热爱家乡的情感。

登山棋

宁波市奉化区第二实验幼儿园　袁琴娜

一、适用对象

大班幼儿

二、活动背景

1. 源于园本特色课程的理念引领。

民间土棋不仅可以强化孩子的规则意识和交往行为，还可体现棋规的综合运用。不同的棋具如何进行有新意的设计？教师怎样对土棋的游戏过程进行指导？如何开发土棋资源？怎样对孩子的游戏行为进行评价？这些问题需要教师对园本课程进行更深入地实践和探索。

2. 鉴于土棋棋具的本土化设计。

登山棋设计研讨活动中，教师发现登山棋的原始图很像奉化有名的锦屏山，于是设计灵感就跃然而出，教师把锦屏山的元素融入设计，并把这座"山"设计成立体的逼真的山。本土化元素的融入，不仅提高了幼儿参与土棋活动的兴趣，更让其领略了家乡的魅力，增强了热爱家乡的情感。

3. 基于数学思维的启蒙教育。

登山棋游戏给幼儿提供了良好的数学思维启蒙教育，满足了幼儿的发展需求。

三、活动目标

1. 认识登山棋,学习10以内的加法。

2. 熟悉登山棋棋规,能三人对弈。

3. 学习用轮流、商量等方式进行游戏。

四、活动过程

小朋友,你们玩过土棋吗?土棋是一种民间棋类游戏,它是农民伯伯做农务的时候用于休闲娱乐的一种游戏。今天我们一起来学一学其中的一种棋,让我们先来认识一下登山棋的棋盘吧。

(一)认识棋盘

登山棋可供三个人一起游戏,它的棋盘像一座山,上面有三个起点,还有三条通往山顶的路。你们看,这一条条就是登山棋的棋路,这是登山棋的棋子,本子有三颗,每人一颗,辅子有九颗,每人三颗。本子用于走子,辅子是决定谁先走本子的工具。

(二)学习布子

登山棋怎么玩呢?首先我们要学习布子,布子就是要把手中的本子放在起点上。

1. 本子布子

三个人一起黑白配,赢的小朋友先选起点布子,剩下的两个小朋友再用石头剪子布的方式决定谁先布子。小莓赢了,她把本子布在了258的棋位上,最后的小桃就把本子布在了369的棋位上。等本子全部放在起点上后,三个小朋友一起说,"一二三",然后一起出子,数一数,三个人手中的辅子加起来一共有几颗,然后在相应起点的小朋友可以前进一格。一起说"一二三",数一数是几,一二三四五六七,一共有七颗,本位上有数字七的小西向上走一格。再来一次,一二三,一起数一数,一二三四五六七八,这次是数字八,本位上有数字八的小莓可以向上走一格。一二三,一起数一数,一二三四五六,这次是六颗,小桃可以向上走一格。这样依次反复游戏,看谁的本子先到山顶,谁就是爬山比赛的胜利者。

2. 立体棋具。

老师把登山棋棋盘做成了立体的,我们一起来找一找三个起点在哪里,然后我们沿着台阶一格一格地往上爬,看谁先爬到山顶。

五、设计特色

1. 在平面棋具的基础上,设计了立体的登山棋棋具,直观形象,符合大班幼儿的年龄、心理特征和认知规律,能够激发幼儿的兴趣,调动幼儿学习、游戏的积极性。

2. flash配上形象、生动、有意思的动画,本子布子,辅子走子,本子在棋盘上一一移动到达山顶的直观呈现,较好地突破了活动的难点,孩子们很轻松就能理解,而且配上老师的说明,也能促进孩子对布子、走子的理解和掌握。

3. 创设了卡通人物登山的游戏情境,符合大班孩子的学习特点,能有效激发孩子的游戏兴趣。

4. 我们把奉化的三种特产水果设计成了卡通形象,通过三个卡通本子的玩棋游戏,在潜移默化中根植了自己家乡的本土文化。

翻花绳

宁波市奉化区第一实验幼儿园　姜莎莎

一、适用对象

大班幼儿

二、活动背景

"翻花绳"俗称"穿线绑",是一种传统的民间儿童游戏,它只需一根绳子和灵巧的手指就能翻转出许多的花样。翻花绳游戏可以是一人、两人玩,也可以多人玩,游戏伙伴可以是同伴也可以是家长。由于游戏材料简单,游戏方式易懂,游戏玩法多样,因此深受幼儿和家长喜爱。翻花绳游戏,不仅可以锻炼幼儿的小肌肉群,发展其动手操作能力,还可以培养幼儿的审美能力、想象力和创造力,有效提高幼儿的合作能力。同时,通过游戏互动,能让幼儿更好地了解和传承中国的优秀传统文化,有利于幼儿的长远发展。

三、活动目标

1. 初步了解传统民间游戏翻花绳的几种玩法。
2. 愿意与同伴合作开展游戏,体验游戏的快乐。

四、活动过程

（一）围坐一起看幼儿翻花绳

  幼儿1：我们来玩这个吧。

  幼儿2：好呀好呀。

  四名观看的幼儿发出"哇,好厉害"的赞叹声,并提问："你们在玩什么呀？"

  幼儿1：我们在玩穿线绑。

  教师进场。

  师：咦,她们在玩什么啊？

  幼儿3：穿线绑。

  师：很有趣啊,你们想玩吗？

  幼：想。

  师：那我们一起玩吧。

（二）一人一绳搭架子

  师：这个游戏叫"翻花绳",我们奉化方言叫"穿线绑"。瞧,绳子跑到莎莎老师手上荡起了秋千。你们想要吗？

  幼：想。

  师：那请你从凳子下面的盒子里拿一根绳子变秋千。

  （幼儿拿绳子,套于手上）

  师：继续变,把秋千变成一座直直的"小桥"。接着左手钻过"桥底"来跳舞,右手钻过"桥底"来跳舞,还要保持直直的"小桥"。

  师：很棒,那我们继续。找到两只手的大哥哥——中指。大哥哥挑绳子,大哥哥挑绳子。你跟我一样吗？

  幼：一样的。莎莎老师我也是这样的。你看,一样的……

  师：太棒了。那现在莎莎老师不做,请你们自己尝试搭一个架子,可以吗？

  幼：可以,看我的吧。当然没问题……

  （幼儿独自尝试搭架子,教师仔细观察幼儿练习情况）

（三）你出招来我挑战

师：现在莎莎老师需要你们两两合作玩游戏，两个人一根绳子就好。

（幼儿组合，其中一人主动把绳子放好）

师：我找到一座造型最棒的"小桥"，我和他先来玩一玩，看我是怎么变造型的。拇指食指捏住"栏杆"，再从"桥底"钻出来，最后拇指食指张开。请你们也试一试。

（教师讲解示范后，两组幼儿尝试，其中一组需要重新搭建支架）

师：新造型看起来有点熟悉，对吗？你可以试试把它破解吗？

（教师一旁提醒：拇指食指捏住"栏杆"，再从"桥底"钻出来，最后拇指食指张开）

师：现在的造型你们觉得像什么呢？

幼：我觉得像马路；我觉得像一扇门……

师：我觉得很像面条。你们觉得像吗？它有两根细面条，两根粗面条。好的，首先右手小拇指勾住"细面条"轻轻往外拉，左手小拇指也勾住"细面条"轻轻往外拉，接着拇指和食指一起从三角形里钻出来，最后拇指食指张开。试试吧。

（教师讲解示范后，幼儿尝试）

（四）集体的智慧无限大

教师与幼儿一同交流破解面条造型的困难之处并且借助教具分步讲解，此后，其中一名幼儿向另一名幼儿发起挑战。

（五）我们翻花绳的花样多

在童谣声中，幼儿自由探索花绳的各种造型，体会小小花绳蕴含的无限魅力。

五、设计特色

1. 多媒体运用，体现灵动教学。

本活动注重多媒体的运用，以鲜艳的色彩、多变的动态画面、声音的配合有效帮助幼儿用多种感官感知，大大优化了教学效果，使教学更具灵动性。

2.实践结合感知,凸显以幼儿为本。

注重以幼儿为本,活动中,教师充分支持幼儿进行自主探究、合作创新,在不断探究与创新中帮助幼儿积累游戏经验,获得愉快体验,并从中收获互助合作、主动交往等良好社会品质,让幼儿在实践感知、同伴互助、头脑风暴中玩有所得、玩中有创,有效凸显幼儿本体地位。

我爸爸

宁波市海曙区卓越国际幼儿园　李玲飞

一、适用对象

大班幼儿

二、活动背景

在与大班孩子的交流中,可以发现他们对自己爸爸的认识仅仅局限在职业与零星的感知,如:我的爸爸很忙,他喜欢睡觉等。而爸爸们也确实忙于各自工作,很少有意识地让孩子有一个了解自己的机会。

绘本《我爸爸》是著名插图大师安东尼布朗为了纪念自己父亲而专门创作的,用孩子的口吻和眼光描绘了一位既强壮又温柔的爸爸,在图文中流淌着一个小男孩对父亲的爱与崇拜。书中简单朴实的语言,精心设计的句式,单纯、鲜明的大幅图片,夸张、变形的人物形象,以及图画中暗藏的有趣细节,都是大班幼儿绘本阅读的必要条件。

三、活动目标

1. 仔细观察夸张、变形的画面,理解作品的内容,并大胆地用语言表达。

2. 乐意用"爸爸像……一样……"的句式较完整地讲述自己眼中的爸爸。

3. 感受绘本中浓浓的父子之情,萌发孩子爱自己爸爸的情感。

四、活动过程

【活动准备】

自制大图书、幼儿操作图卡、轻音乐、幼儿爸爸的照片。

(一)封面导入,引题激趣

出示封面:爸爸在干什么?你觉得这是个怎样的爸爸?从哪里给你这样的感觉?

(二)分段欣赏,理解感受

1. 集体解读(1~2页)。

第一页:这个爸爸长什么样子?

第二页:爸爸到底不怕什么?

2. 自主阅读。

爸爸还有哪些了不起的地方?

3. 组合阅读。

(1)出示4~5页:爸爸在干什么?布朗为什么说"爸爸很棒"?你觉得爸爸是一个怎样的人?

(2)自主阅读6~9页。

①这几页上画的是什么?你是怎么看出来画的是爸爸?为什么要这样画呢?

②小结:原来爸爸像鱼一样灵活,像猩猩一样强壮,像泰迪熊一样柔软,像猫头鹰一样聪明。

(3)出示10~13页:你能看懂这几页吗? 这样的爸爸你喜欢吗?

(三)完整阅读,读图悟情

1. 播放轻音乐,师幼共同阅读。

2. 第14页:这是谁的手?布朗做了什么?说了什么?

3. 第16页:看到这一页你有什么感觉?

（四）图示讲述，迁移升华

1. 幼儿操作，说说爸爸有什么优点，他像哪个动物一样？

2. 分享讲述：按照图示格式学习讲述："爸爸像……一样……"

3. 出示爸爸的照片墙：此时你还想对爸爸说什么呢？

4. 播放录音：爸爸还想对我们说什么呢？

5. 在音乐声中，孩子表达对爸爸的爱。

五、设计特色

1. 给予多元的阅读方法，让孩子读出"境"。通过导读 — 泛读 — 精读，让幼儿把绘本中所蕴含的主题、内涵内化为自己的一种情感体验。

2. 创新有效的学习支架，让孩子读出"情"。将文学作品迁移至真实生活，通过对画面的解读，教师语境的激发，幼儿产生了情感上的共鸣。大图书的设计、图示支架的梳理有效地解决了幼儿在绘本学习上的难点。

我是小兵真人 CS

宁波市闻裕顺幼儿园　李　巧

一、适用对象

大班幼儿

二、活动背景

这是一个带有军旅色彩的户外活动,活动中分为红军、蓝军,每个军区各有扫雷组、狙击组、运输组、坦克组、补给组等。各组分配有相应的任务。幼儿可以在活动中,自主选择角色和任务。活动充分调动幼儿走、跑、跳、攀、钻、爬、投掷等基本运动技能,使幼儿在游戏中体验合作的快乐。

三、活动目标

1. 自主选择兵种和小兵任务、理解任务板内容,感受游戏的趣味性。

2. 在角色扮演的自主游戏中,发展走、跑、跳、攀、钻、爬等运动技能,体验与同伴间相互合作的乐趣。

四、活动过程

【活动准备】

1. 物质准备：户外游戏场地、弹药、弹弓、任务

清单(附图)。

2. 经验准备:了解解放军不同兵种及其任务。

(一)选择兵种,了解任务内容

1. 幼儿自由选择扮演兵种(扫雷组、狙击组、运输组、坦克组、补给组等),并选择加入的阵营(红军、蓝军)。

2. 阅读任务板,理解各兵种任务内容。

(二)哨声发令,演习正式开始

1. 水壶等补给物资放置到相应位置,各兵种小兵到位。

2. "发令官首长"一声哨响,演习正式开始。

(三)红军蓝军,合力小组对抗

红军蓝军各部门小兵任务清单:

扫雷组:在沙坑中,共埋有20枚地雷。挖出5枚地雷可以额外获得补给一箱(弹药)。

狙击组:狙击目标,使目标无法到我军"司令部"夺旗。

运输组:负责运输弹药、武器、补给、伤员等"演习"物品。

补给组:提供水、弹药、医疗等补给,负责照顾伤员。

坦克组:"坦克"具有防弹作用,每辆坦克需要2名小兵共同驾驶。

(四)哨声发令,演习收队总结

1. 在结束的"首长"哨声中,小兵迅速集合。两军小兵分别做总结。

2. 收队,演习结束。

五、设计特色

1. 生活兴趣点的取材。

平日时常听孩子说:"我长大要做解放军!"幼儿非常喜欢和崇拜解放军,教师就在活动中编入"小兵取地图""运送伤员"等情节,让幼儿扮演角色,在完成任务后,让他们感受到成功,提高自信。

2. 游戏模式下的教育。

把体育任务寓于有情节又有角色扮演的集体游戏之中,寓于既有合作又有竞争的小组游戏和自主游戏之中,将幼儿被动游戏的外驱力转化为幼儿想要进行游戏的内驱力。幼儿由"要我做"变为"我要做",在游戏体验中主动发展各项基本能力。户外体育活动游戏化,给幼儿的身心带来舒适、愉快,可使他们更喜爱体育活动。

找　蛋

宁波市海曙区启文幼儿园　赵　俊

一、适用对象

大班幼儿

二、活动背景

大班的孩子都非常喜欢玩捉迷藏、找东西的游戏。在教室里，孩子们经常自发玩这样的游戏，并乐此不疲。在一次户外游戏中，冬冬把带来的小夹子弄丢了，于是，大家都开始一起寻找这小小的夹子。经过大家的努力，终于在草丛里发现了，孩子们都特别开心。户外活动场地较大，孩子们觉得在户外玩找东西的游戏更有意思。于是，找蛋游戏就这样诞生了。

三、活动目标

1. 尝试在勇气挑战区内，通过爬树、挖洞、爬梯等方法藏蛋，并找到被同伴藏起来的蛋。
2. 在活动中体验通过自己努力找到蛋的愉悦心情。

四、活动过程

【活动准备】

1. 物质准备：假蛋、糖果、贴纸、篮子。

2. 经验准备：具备基本的攀爬能力，动作协调能力。

(一)商讨藏蛋

1. 今天我们要来玩一个找蛋的游戏，如果先让你来藏蛋，你会把它藏在哪里呢？

2. 你们觉得藏在哪里最不容易被找到？

3. 每个幼儿拿两个蛋藏起来。比一比，谁藏的地方最隐秘。

(二)找蛋比赛

1. 藏好蛋的幼儿到指定地点集合。

2. 接下来就是找蛋比赛了：每个小朋友拿一只篮子，把找到的蛋放在篮子里，比一比，谁找到的蛋最多。

3. 幼儿出发开始找蛋。(教师注意孩子在攀爬过程中的安全)

4. 听到铃声后，全体幼儿回到指定地方集合，各自清点找到的蛋的数量。

5. 为找到最多蛋的孩子颁奖，贴上红五星。

6. 有没有谁的蛋还没有被找到？给藏这些蛋的孩子贴红五星奖励。

(三)糖果诱惑再次进行游戏，激发幼儿的活动兴趣

1. 在自己找到的蛋里放上糖果，然后再次进行藏蛋。

2. 藏完后，集合。

3. 集体出发找蛋。

4. 找到蛋的孩子清点蛋的数量。

5. 蛋里的糖果可以和同伴分享。

椅子火车呜呜呜

宁波市海曙区启文幼儿园　梁　瑛

一、适用对象

大班幼儿

二、活动背景

教室里最多的就是小椅子,孩子们会不经意地做有关椅子的游戏:有时把椅子围起来在里面玩"娃娃家"游戏;有时把椅子排起来过"独木桥";有时还会叠高高。看来椅子也可以成为孩子们的游戏材料。本活动给予孩子们充足的椅子和适宜的游戏空间,期待他们的创意和游戏。

三、活动目标

1. 尝试用小椅子建构火车造型,并学习用多种材料加以装饰。

2. 积极参与建构游戏,能与同伴商讨、协作,一起建构,并利用建构作品"火车"创造性开展角色游戏。

四、活动过程

【活动准备】

1. 物质准备:小椅子(主材)、木板(辅材)、火车模型、绘本《火车出发了》、火车图片、卡纸、剪刀、笔等。

2. 经验准备：旅行的相关经验。

（一）绘本阅读，引发建构兴趣

1. 阅读绘本《火车出发了》，讨论：说说火车是怎样的？
2. 提出建构主题——火车。

（二）材料介绍，明确建构任务

介绍建构材料：建构主材——小椅子，辅助材料——木板。

（三）自由分组、讨论建构方案

1. 幼儿自由分组，确定小组长。
2. 由小组长带领小组成员讨论并设计火车的建构图。

（四）小组建构，教师观察游戏

1. 预设观察游戏的几个关键维度。如：

社会性发展：协商，讨论，合作，能表达意愿，倾听别人建议。

建构能力发展：多种建构技能综合运用。

游戏品质：不怕困难，坚持游戏。

2. 根据幼儿建构的情况，适时支持、回应。

语言支持：当幼儿在建构过程中遇到困难时要加以鼓励。

材料支持：当幼儿在建构中小椅子不能建构火车的一些细节部位时，引导幼儿寻找合适的辅助材料参与建构。比如：用圆柱体的食品罐做火车的烟囱等。

图片或模型支持：当幼儿遇到建构方面的困难时，特别是遇到有关火车造型方面的困难，可借助图片、绘本、模型给予支持。

（五）多种材料，装扮小火车

1. 小组商讨给小火车命名。

2. 运用多种材料装扮小火车,还可增加车厢号、座位号等。

(六)展开想象,预设角色游戏

预设游戏一:开展火车站的相关游戏。

预设游戏二:开展旅行团的相关游戏。